경성대학교
한국한자연구소 한자학 교양총서 05

한자와 중국고대사

이 저서는 2018년 대한민국 교육부와 한국연구재단의 지원을 받아 수행된 연구임
(NRF-2018S1A6A3A02043693)

경성대학교 한국한자연구소 한자학 교양총서 05

한자와
중국고대사

이성란 이선희

역락

발간사

경성대학교 한국한자연구소는 2018년 한국연구재단 인문한국
플러스(HK+) 지원사업(과제명: 한자와 동아시아 문명 연구-한자로드의
소통, 동인, 도항)에 선정된 이래, 한자문화권 한자어의 미묘한 차이
와 그 복잡성을 고려한 국가 간 비교 연구를 수행해 왔습니다. 이
총서는 그간의 연구 성과를 대중에게 전하고 널리 보급하는 목적
으로 기획되었습니다.

우리 연구소의 총서는 크게 연구총서와 교양총서로 나뉘어져
있습니다. 연구총서가 본 연구 아젠다 성과물을 집적한 학술 저술
이라면, 교양총서는 연구 성과의 대중적 확산을 위해 기획된 시리
즈물입니다. 그중에서도 이번에 발간하는 <한자학 교양총서>는
한자학 전공 이야기를 비전공자들도 흥미롭게 접근할 수 있도록
기획된 제1기 시민인문강좌(2022년 7월~8월, 5개 과정, 각 10강), 제2기
시민인문강좌(2022년 12월~2023년 1월, 5개 과정, 각 10강)의 내용을 기
반으로 합니다. 당시 수강생들의 강의에 대한 높은 만족도와 함께

볼 만한 교재 제작에 대한 요청이 있었습니다. 실제로 한자학 하면 대학 전공자들이 전공 서적을 통해 접하는 것이 대부분이며, 대중이 쉽게 접할 수 있는 입문서는 그다지 많지 않습니다. <한자학 교양총서>는 기본적으로 강의 스크립트 형식을 최대한 활용하여 전공 이야기를 쉬운 말로 풀어쓰는 데에 중점을 두었습니다. 흡사 강의를 듣는 듯 한자학에 대한 기본적인 지식을 배울 수 있는 입문서를 표방하는 이 책은, 한자학에 흥미를 가진 사람들이 한자학을 접할 수 있는 마중물과 같은 역할을 할 수 있을 것으로 기대합니다.

이번에 발간되는 시리즈는 전체 10개 과정 중 1기 강좌분에 해당하는 '한자학개요'(이해윤, 허철), '한자와 성운학'(배은한, 신아사), '한자와 출토문헌'(신세리, 홍유빈), '한자와 고대중국어'(조은정, 허철), '한자와 중국고대사'(이성란, 이선희) 5권이 먼저 발간됩니다. 한자학의 기원과 구성 원리, 음운 체계, 변천사 등 한자학 전반에 대한 이해를 높일 수 있는 내용으로 편집되었습니다.

앞으로도 우리 연구소는 연구 과제를 수행하면서 축적된 연구 성과를 학계뿐만 아니라 대중의 지적 호기심을 충족시킬 수 있는 방법을 다각적으로 모색해 나아갈 것입니다. 본 사업단 인문강좌에 강의자로 참여해주시고, 오랜 퇴고 기간을 거쳐 본 <한자학 교양총서>에 기꺼이 원고를 제공해 주신 여러 교수님들께 감사드리고, 이 책이 발간되기까지 조언을 아끼지 않으신 사업단 교수님들, 그리고 역락 박태훈 이사님께도 감사의 말씀을 드립니다.

2024년 1월

경성대학교 한국한자연구소

소장 하영삼

머리말

　중국의 역사는 아직 그 실재가 인정되지 않은 기록상의 왕조인 고대 하(夏) 왕조부터 현재까지 4,000여 년에 걸쳐 온 이야기를 담고 있습니다. 그 속에서 한자는 중국의 문자 체계로, 중국의 역사, 언어, 문화 및 사상을 탐구하는 데 있어 중요한 역할을 합니다.

　이 책은 중국 고대사의 복잡하고 풍부한 직조 속에서 '한자'라는 핵심적인 실마리를 통해 중국 고대사에 대한 깊이 있는 이해를 도모하고, 한자의 다면적인 특성과 그 의미의 변천을 탐구하는 것을 목적으로 기획되었습니다. 수천 년에 걸쳐 이어져 온 중국 역사의 방대하고 복잡한 이야기를 아우르며, 한자를 통해 중국의 역사와 문화의 깊이를 탐구합니다.

　선진 시대부터 청 왕조에 이르기까지 중국의 역대 왕조는 대부분 왜 한 글자 왕조 명칭을 사용했을까요? 춘추전국시대에 존재했던 제후국의 이름은 왜 후대에도 그대로 사용될까요? 왕조 명칭 및 왕조 교체에 있어 유가 사상은 어떤 영향을 미쳤을까요? 중국은 왜 스스로를 세계의 중심으로 여기는 것일까요? 중국의 고대 신화는 서양과 달리 신(神)이 아니라 신격화된 인간의 특징을 가진 성인이 주가 될까요? 중국 고대에서 발생한 문화는 우리나라에서 어떤 영향력을 발휘하고 있을까요?

이러한 문제에 대해 한자를 통해 그 실마리를 찾아갑니다. 역대 왕조 및 수도 명칭의 유래, 현재 중국을 가리키는 명칭인 '중국(中國)', '중원(中原)', '중화(中華)'을 통해 바라보는 중국인의 세계관, 중국의 신화와 갑골문, 금문을 통해 볼 수 있는 주변 민족과 귀족의 작위, 융(戎)·적(狄)·만(蠻)·이(夷)와 실크로드의 도시국가, 5호16국 시대와 이 시기에 중국 북부에서 활약한 다섯 민족(선비, 흉노, 갈, 강, 저), 중국의 성씨 등 10개의 주요 주제에 대해 깊이 탐구합니다. 각 주제별로 한국과 중국 학계에서 널리 인정받는 역사 이론을 소개하고, 한중 양국 학계에서 쟁점이 되고 있는 다양한 문제점들을 심도 있게 살펴봅니다. 또한 고대 문자를 통해 의미의 진화와 이를 형성한 문화적, 역사적 맥락을 제공합니다. 이를 통해, 독자들은 각 주제와 관련된 한자들을 보다 깊이 이해하고, 이 한자들이 어떻게 중국의 역사와 문화, 사상에 영향을 미쳤는지를 다각적으로 분석하고 검토할 수 있습니다.

이 책을 통해 중국 고대사의 핵심적인 측면들을 새로운 시각으로 조망할 수 있을 뿐만 아니라, 한자라는 독특한 문자 체계가 어떻게 중국의 역사, 중국인의 사상, 그리고 일상생활에 깊숙이 스며들어 있는지를 이해하게 될 것입니다. 이 책은 학계 연구자뿐만 아니라, 중국의 고대 역사와 한자에 관심이 있는 모든 독자들에게 귀중한 자료가 될 것이며, 중국 고대사와 한자의 매혹적인 세계로의 여행을 시작하는 데 있어 출발점이 될 것입니다.

중국의 과거를 탐구함으로써 현재를 더욱 풍부하게 이해하고, 미래에 대한 새로운 시각을 개발하는 여정에 여러분을 초대합니다. 이 책을 통해 제공되는 흥미로운 이야기들을 통해, 여러분은 중국 고대사와 한자에 대한 깊은 이해를 얻기를 소망합니다.

끝으로 감히 『한자와 중국고대사』라는 거창한 제목으로 작업을 시작할 수 있도록 옆에서 물심양면으로 지원을 아끼지 않은 남편 양재영 교수님, 또 이 책이 출판되기까지 함께 애써 주신 이선희 교수님, 경성대학교 한국한자연구소 HK+사업단 모든 분들께 감사드립니다.

2024.2.7.

필자를 대표하여 이성란 삼가 씀

차례

제1장

한자와 역대 왕조의
명칭 유래(1)

중국의 역대 왕조는 대부분 한 글자 왕조 명칭을 사용했습니다. 아직 그 실재가 인정되지 않은 기록상의 왕조인 고대 하(夏) 왕조부터 마지막 청(淸) 왕조에 이르기까지 대부분이 한 글자 명칭입니다. 서하(西夏), 남조(南調)와 같은 두 글자 왕조 명칭도 보이지만, 이는 이민족이 세운 왕조입니다. 또한 서한(西漢), 동한(東漢), 서진(西晉), 동진(東晉)과 같이 왕조 명칭 앞에 '동', '서'를 넣어서 구분하기도 하는데요, 왕조의 중심 지역이 달랐기 때문에 방위사를 넣어서 구분한 예외적인 경우입니다. 5호 16국 시대에 들어서는 전진(前秦), 후조(後趙)와 같이 이음절로 된 국가명이 많이 등장하는데, 이 또한 대부분 이민족이 세운 왕조입니다. 또한 왕조 명칭 앞에 '전'이나 '후' 같은 방위사를 더해서 어느 왕조를 계승했다는 의미로 사용하기도 합니다.

하 왕조부터 차례대로 명칭을 살펴보기에 앞서, 현재 중국을 가리키는 명칭인 '중국', '중원', '중화'라는 명칭의 개념부터 살펴보겠습니다.

1.1 중국(中國), 중원(中原), 중화(中華)의 의미

1.1.1 중국(中國)의 의미

'중(中)'과 '국(國)'은 갑골문(甲骨文)[1]에서도 볼 수 있는 매우 오래된 글자입니다. 갑골문에 나타나는 '中'자와 '國'자의 초기 형태는 다음과 같습니다.

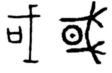

갑골문의 '中'   갑골문, 금문, 전문의 '國'

갑골문에 나타나는 '中'은 깃발이 바람에 날리는 모양의 상형자입니다. 그래서 원래는 '전장의 사령관이 있는 곳'을 나타내다가 후에 '가운데' 또는 '중심'을 뜻하는 추상적인 의미로 발전되었습니다. 나라를 뜻하는 '國'은 '戈(창 과)'와 '口(입 구)'가 합쳐진 글자로 '戈'는 무기를, '口'는 하늘에 제사를 지내는 제단을 상징합

---

1   갑골문은 현존하는 중국 최초의 문헌 갑골편에 사용된 문자로, 구갑(龜甲)이나 짐승 뼈에 새겨진 문자를 말합니다.

니다. 즉, 국가의 가장 중요한 두 가지 기능인 군사와 제사를 상징합니다. 이 형태는 금문(金文)²까지 쓰이다가 전문(篆文)³, 즉 전서체에서는 테두리를 빙 둘러싼 울타리가 생기는데요, 이는 성벽을 뜻하는 것으로 성벽으로 둘러싸인 도시를 상징하며, 후에는 국가(State)의 의미로 발전되었습니다.

고대 중국인은 자신들이 주변의 이민족보다 훨씬 진보된 문명을 가졌다는 선민의식이 있었습니다. 이로 인해 자신들이 살고 있는 황하 중하류의 황토 고원 지역을 천하(天下), 즉 하늘 아래 모든 땅의 중심으로 인식하는 세계관을 형성하게 되었고, 자신들이 있는 땅을 '중원', 또는 '중국'이라고 불렀습니다. 현재 중국은 중화인민공화국(中華人民共和國)을 의미하지만, 유사 이래 중국의 어떤 왕조가 들어서더라도 모두 스스로를 중국이라고 불렀습니다. 왕조 이름 대신 익숙한 '중국'이라는 명칭을 사용한 것입니다. 반대

---

2   금문은 갑골문을 기초로 발전하여 청동기에 새겨진 서체로, 주로 주(周)나라 때 통용된 서체입니다. 고대에는 청동을 미금(美金), 철을 악금(惡金)이라고 하였고, '금'은 청동을 가리켰습니다. '금문'은 곧 청동기에 새긴 글자라는 뜻입니다.

3   전문은 대전(大篆)과 소전(小篆)으로 나뉩니다. 대전은 금문을 기초로 발전한 서체로, 춘추 전국 시대 진나라에서 통용되었습니다. 소전은 진시황이 중국을 통일한 후 재상 이사(李斯)가 대전을 간략화하고 각 제후국의 서체를 통일해서 만든 표준 서체입니다.

로 '중국' 대신 왕조의 이름을 사용하기도 하였는데요, 중국 역사에서 비교적 오랜 기간 동안 번성했던 한(漢) 왕조와 당(唐) 왕조의 '한'과 '당'이 그러합니다. 그래서 오늘날 중국의 문자를 '한자(漢字)'라고 하고, 중국인의 대다수를 차지하는 민족을 '한족(漢族)'이라고 하며, 또한 동남아 지역에서는 화교를 '당인(唐人)'이라고도 부르지요.

각 왕조마다 중국의 전통을 계승했다고 여기기 때문에 '중국'이라는 명칭의 범위는 왕조마다 차이가 있습니다. 황제의 통치가 직접 미치는 모든 영토를 중국이라고 인식한 반면, 이민족이 통치하는 지역을 제외시키는 것은 당연한 일이겠죠. 그래서 당(唐), 원(元), 명(明), 청(淸) 왕조와 같이 광활한 영토를 가진 왕조의 경우에는 중국에 속하는 지역이 오늘날보다 더 많기도 하였고, 또 송(宋) 왕조처럼 이민족에게 조공을 바쳤던 경우에는 중국의 범위가 축소되기도 하였습니다.

현재 중국의 영토는 중국 전체 역사에서 보면 상당히 특이하게도 광활한 영토를 차지하고 있습니다. 한이나 당 왕조가 잠시 실크로드상의 서역, 즉 오늘날 중국 신장(新疆) 지역 너머까지 점령하기도 하였지만, 대부분의 역사 시기에서 한족 왕조의 범위는 서쪽으로는 현재의 감숙성(甘肅省), 또는 사천성(四川省), 북쪽으로는 만리장성을 넘지 못했습니다. 중국 서쪽의 타클라마칸(Taklamakan) 사막과 북쪽의 고비(Gobi) 사막이 한족과 이민족 지역을 가르는 자연 방벽이 되었고, 만리장성은 이민족의 침입으로부터 중국을 보호하기 위한 인공 장벽이었던 셈입니다.

이민족이 세운 원, 청 왕조는 이를 넘어서는 전무후무한 대제국이었는데, 특히 청 왕조는 중국 역사상 가장 넓은 영토를 가진 왕조였습니다.

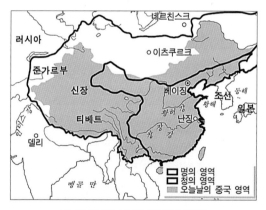

명, 청 및 오늘날 중국의 영토 영역[4]

---

4   이승호, 「中 세계최강 되면 어떨까…평화국가? 그건 힘없을 때 얘기」, 『중앙일보』, 2020.10.09.

위 지도에서 현재 중국의 영토는 회색 부분입니다. 이를 기준으로 바깥쪽 굵은 선은 청 왕조의 영토, 안쪽 굵은 선으로 표시된 부분이 명 왕조의 영토였습니다. 한 눈에 보아도 큰 차이를 느낄 수 있지요.

청 왕조는 만주족이 세우고 한족이 탄압받았던 왕조였지만 중국 역사상 가장 넓은 영토와 강력한 국력을 가진 왕조였기 때문에 중국인에게 있어서 화려한 과거를 회상하는 본보기가 되기에 충분합니다. 그래서 중국 사극에서 청 왕조의 강희제(康熙帝 1654-1722)나 건륭제(乾隆帝 1711-1799) 시기를 다룬 작품이 많은 이유를 충분히 짐작할 수 있습니다.

1.1.2 중원(中原)의 의미

무협지를 보면 '중원(中原)'이라는 단어가 자주 등장합니다. 주로 마교(魔敎)가 창궐하여 혼란한 시기에 불세출의 영웅이 등장하고, 온갖 고난을 겪은 후 절세 고수가 되어 마교를 타도하고 중원을 구원한다는 내용입니다. 일반적으로 중원의 명문 정파는 '선(善)'으로, 변방 이민족의 사파와 마교는 '악(惡)'으로 묘사하는 무협지의 서술 방식은 은연 중에 중화주의를 드러낸다고 볼 수 있는데요, 이때 '중원'은 바로 중국을 의미하는 단어입니다.

'중원(中原)'의 '原(근원 원)'자를 보면 바깥 부분에 '厂(기슭 엄)' 자가 둘러싸고 있고 안에 '泉(샘 천)'자가 결합된 형상으로, 원래는 물길이 시작되는 수원(水源)을 의미했습니다. 여기에서 의미가 확장되어 '근원'이나 '사물의 시초'라는 의미로 사용되었고, 이후에는 '氵(삼수변)'을 더해서 '源(근원 원)'자로 구별해서 사용했습니다. '原'자에는 '넓고 평평한 땅'이라는 의미도 담겨 있습니다. 『시경(詩經)·대아(大雅)·문왕지십(文王之什)·면(綿)』에 수록된 한 문장을 살펴보시죠.

> "주(周)나라의 들판이 비옥하니 쓴 나물도 마치 엿처럼 달구나."
>
> 周原膴膴, 菫荼如飴(주원무무, 근도여이)

위 문장에서 '周'는 주나라를 뜻하고, '原'이 바로 들판, 평원이라는 뜻으로, 합쳐서 '주나라의 들판'을 의미합니다. 이를 통해서 '중원'은 넓은 의미로는 황하(黃河) 유역의 황토 평원 지대를 가리키고, 좁은 의미로는 황화 유역 중에서 지금의 산서성(山西省)이나 하남성(河南省), 산동성(山東省) 일대를 가리킴을 알 수 있습니다.

황하 유역의 황토 고원 지대에는 주족(周族)의 수많은 도시 국가들이 분포되어 있었습니다. 이들은 스스로를 찬란한 하 왕조의 후손이라고 여기며 '화하(華夏)'라고 칭했습니다. 주 왕조는 상 왕조를 멸망시키고 북으로는 지금의 베이징(北京), 남으로는 장강(長江) 유역에 이르기까지 넓은 영토를 차지했습니다.

그러나 당시 주족들이 거주하던 중원은 전체 지역에 사람들이 골고루 분포하여 사는 것이 아니라, 영토의 대부분은 사람이 많이 살지 않는 빈 땅이었습니다. 이는 그리스 도시 국가와 같이 수많은 성읍 국가인 제후국들이 띄엄띄엄 떨어져 분포된 것과 유사합니다. 그래서 군사적 거점 지역을 '국(國)'이라고 하였고, '국' 외부로 사람이 거의 살지 않는 지역을 '야(野)'라고 불렀습니다. 그리고 이곳에 사는 문화적 수준이 비교적 낮은 사람을 '야인(野人)'이라고 하였습니다. 그래서 오늘날, 교양이 없는 사람, 문화 수준이 낮은 사람을 가리켜 '야인', '야만인'이라고 하는 용어가 바로 이로부터 비롯된 것입니다. 반면에 중원의 선진 문명을 이어받은, '국' 안에 거주하는 사람들을 '국인(國人)'이라고 지칭했습니다.

주족은 자신들보다 인구도 많고, 문화적으로도 앞선 상나라를 정복한 후, 효율적인 통치를 위하여 분봉제(分封制)를 실시했습니다. 분봉제는 주 천자가 각지의 군사적 요충지마다 제후들에게 통치 지역을 할당하는 제도인데요, 제후국은 마치 거미줄처럼 긴요하게 연결되어 있었습니다. 동시에, 상나라 유민에게는 자신들이 하늘로부터 천명을 받아서 무도한 상의 주(紂)왕을 타도하고, 상나라 사람을 다스리는 것이 당연한 것이라고 세뇌시키는 작업을 병행함으로써, 상 유민들의 반발을 잠재울 수 있었습니다.

상족의 최고신은 이집트나 그리스의 신처럼 세상 모든 일에 직접 관여하는, 비교적 단순한 개념의 '상제(上帝)'였습니다. 반면, 주족의 최고신은 인간 세상에 직접적으로 관여하지 않는 추상화된 개념의 '천(天)'이라고 하였습니다. 주의 왕을 '천자(天子)'라고 칭했는데요, 이는 하늘의 아들, 곧 하늘의 대리자라는 의미를 담고 있습니다. 천자가 천명을 받아 천하를 다스린다는 정치 사상을 바탕으로 하여 상 왕조보다 좀 더 발전된 정치 체제를 갖추었다고 볼 수 있습니다. 후에는 제후국들 세력이 점차 커지면서 주천자의 권위가 약화되었고, 기원전 770년에 주 평왕(周平王)이 수도를 동쪽의 낙양(洛陽)으로 옮긴 뒤, 중원의 패권을 차지하려는 제후국의 경쟁이 격화되면서, 중국은 춘추 전국 시대라는 550년간의 분열된 시기로 들어서게 됩니다.

1.1.3 중화(中華)의 의미

중원의 중국인들은 스스로를 '화하(華夏)'라고 부르기도 하고, 또는 한 글자로 '화(華)'라고도 지칭했습니다. 금문에서 '華'자의 형태를 보면, 마치 꽃이 활짝 피어나는 모양입니다. 이로부터 '빛 나다', '번창하다'의 뜻을 유추할 수 있습니다.

금문의 '華'   전서의 '華'

제후국들 대부분은 주나라 수도인 낙양을 중심으로 황하 중하류 황토 고원 지대에 분포되어 있었습니다. 이들은 스스로를 하나라의 후손으로 여겨 '화하'라고 하였습니다. 즉, '화하'는 하나라로부터 이어지는 자신들의 정체성을 표현한 단어입니다. 또한 많은 하나라의 후손들이라는 의미로 '제하(諸夏)'라고 부르기도 하였습니다.

『좌전(左傳)』정공 10년에 "변방에서는 중국을 도모하지 못하고 오랑캐는 중국을 어지럽히지 못한다[裔不謀夏, 夷不亂華(예불모

하, 이불란화)]."라는 문장이 나옵니다. 이 문장에서 '예(裔)'는 후손이라는 뜻도 있지만, 예전에는 변방이라는 뜻으로도 쓰였습니다. 즉, 하(夏)는 중국을 가리키는 것으로, '華'와 '夏'가 모두 중국의 의미로 사용된 것입니다. 이를 통해 중국인들은 이른 시기부터 스스로를 '화하', '제하'라고 불렀고, '하'나 '화'를 모두 '중국'의 의미로 사용했다는 것을 알 수 있습니다. 언제부터 '중화'라는 단어를 사용했는지 그 시기는 불분명하지만, 중원의 화하족이 스스로를 높여 표현한 단어라는 것은 분명합니다. 이로부터 비롯되어 '중화'가 중국을 가리키는 표현으로 오늘날까지 이어져 온 것입니다.

이상으로 '중국(中國)', '중원(中原)', '중화(中華)' 명칭의 형성 배경과 의미를 살펴보았습니다. 중국인은 아득한 고대부터 자신들이 주변 민족과 달리 선진문명을 형성했다는 자부심을 갖고 있었습니다. 이러한 자부심이 오늘날까지 이어지면서 소위 '중화사상'의 바탕을 형성하고 있습니다. 그래서 중국인은 세상의 중심에 있고, 중국 황제는 하늘로부터 천명을 받아 천하를 다스리기 때문에 주변의 모든 국가들은 중국 황제에게 복종하고, 조공의 의무를 다해야 한다고 생각했습니다.

현재도 중국은 과거와 같이 주변국에게 직접적인 영향력을 행사하면서 중국 중심의 세계 질서로 복귀할 것을 도모함을 느낄 수 있습니다. 역사를 알고 공부하는 목적은 바로 과거 사실을 현재에 비추어 우리가 나아갈 바를 모색하는 것입니다. 그래서 중국이 아무리 대국이더라도 우리를 쉽게 넘보지 못하게끔 우리 스스로 중국에 대해서 깊이 분석하고, 연구하여 중화주의의 장벽을 넘을 수 있도록 실력을 갖추는 것이 중요합니다.

1.2 하(夏) 왕조 명칭의 유래

중국인은 하 왕조를 중국 역사상 최초의 왕조로 여기고 있습니다. 하지만 외국 학계에서는 대부분 아직까지 고고학적으로 증명되지 않은 전설상의 왕조로 봅니다. 중국 학자들은 하남성(河南省) 일대를 중심으로 하 왕조 시기의 것으로 추정되는 유물과 유적을 근거로서 하 왕조의 실재를 인정하고 있습니다. 하지만 외국 학계에서는 이 시기의 것이라고 단정할 수 있는 결정적인 증거가 발견되지 않았기 때문에 인정하지 않는 상황입니다. 그렇다면 하 왕조의 '하(夏)'는 어떠한 의미를 담고 있을까요? 일반적으로 '夏(여름 하)'는 주로 '여름'의 의미로 사용됩니다. '하' 자의 형태를 보면, 윗부분의 '頁(머리 혈)'자와 아랫부분의 '夊(천천히

걸을 쇠)'자가 합쳐진 형태입니다. 금문과 전서의 형태를 보면 조금 더 분명해지는데, 금문보다 전서체가 조금 더 알아보기 쉽습니다.

금문(진공궤)의 '夏(하)'

전서(說文)의 '夏(하)'

'夏'를 살펴보면, 윗부분에는 사람의 얼굴을 뜻하는 '頁', 가운데는 사람의 두 팔에 해당하는 '臼(절구 구)', 그리고 맨 아래에는 발을 나타내는 '夂(뒤쳐져 올 치)'가 결합하여 구성되었습니다. 그러나 '하'의 의미에 대해서 여러 의견이 있습니다. 중국의 일부 학자들은 글자 전체가 큰 귀거리를 늘어뜨리고 있는 사람의 얼굴 모습으로 해석하기도 합니다. 하지만 일반적으로는 얼굴에 분장을 하고 춤을 추는 사람의 모습을 나타낸 것으로 해석합니다. 또한, 하영삼 교수의 견해에 따르면 춤추는 제사장의 모습을 나타낸 것으로, 본뜻은 '춤'이라고 하였습니다. 그래서 성대한 의식을 치르기 위해 치장한 제사장의 모습에서 자연스럽게 '크다'의 의미로 발전되었고, 마침내 만물이 성장하는 계절인 여름이라는 뜻까지 생겨난 것으로 여깁니다. 그러므로 하 왕조의 '하'는 '크다', '번창하다'

라는 뜻으로 볼 수 있지요. 대한민국의 '韓(한)'이 원래 '크다'라는 뜻을 가진 우리말의 '한'을 한자로 나타낸 것처럼, 하 왕조의 '하'는 '크고 번창한 나라'라는 의미를 담고 있습니다. 그래서 비록 고고학적인 증거는 미흡하지만 중국인 누구나 황하 문명으로부터 비롯된 하 왕조를 자신들의 뿌리로 여깁니다.

기록에 의하면 삼황오제의 마지막 통치자였던 순(舜)은 자신의 후계자로 치수(治水)의 공을 세운 우(禹)에게 왕위를 선양했고, 우는 13년간 노력한 끝에 마침내 치수에 성공하고 천하를 구주(九州)로 나누었다고 합니다. 그래서 우왕의 업적을 기리기 위해서 이름 앞에 '大(큰 대)'자를 넣어서 '대우(大禹)'라고 부르기도 하고, 또 앞서 언급한 바와 같이 하가 '크다'라는 의미를 나타내기 때문에 '하우(夏禹)'라고 부르기도 합니다. 우가 죽은 후에는 그의 아들 계(啓)가 왕위를 계승합니다. 이때부터 본격적으로 왕위가 세습되는 하 왕조가 시작되었다고 볼 수 있습니다.

금문과 소전에 나타난 '禹'의 형태는 다음과 같습니다.

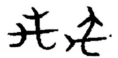

금문의 '禹'

소전의 '禹'

한자와 중국고대사

금문보다는 역시 소전체가 좀 더 오늘날 '우'와 상당히 유사함을 알 수 있습니다. 소전체에서 '禹'를 보면 虫(벌레 충, 훼)이 있으며, 벌레를 손으로 쥐고 있는 형태입니다. 『설문(說文)』에 의하면 '虫'은 벌레가 아니라 독사를 뜻한다고 합니다. 하 왕조때 중원의 기후는 오늘날과 달리 황하 유역까지 열대성 기후였기 때문에 자연스럽게 뱀이 살기 좋은 습한 환경이었고, 이와 연결하여 물을 상징합니다. 상대 갑골문에는 상의 왕이 베이징 남쪽의 사냥터에서 코끼리 100마리를 사냥했다는 기록이 있습니다. 이를 통해서 당시 황하 유역은 고온 다습한 아열대 기후였음을 알 수 있습니다 (실제로 3,500년 전의 상 왕조 때 황하 유역과 베이징 일대까지 아열대 기후의 정글이었다는 사실은 고고학, 고생물학, 기후학에서 이미 입증된 사실이라고 합니다). 이 열대 정글에서 뱀, 독충, 악어와 같은 동물은 두려움의 대상이기도 하지만 또한 숭배의 대상이기도 하였습니다. 오늘날 신화학에서는 중국을 상징하는 용 또한 당시 두려움의 대상이었던 악어, 큰 뱀의 이미지에서 비롯된 것으로 해석하고 있습니다. 용은 주로 비를 내리는 존재로 묘사되어 가뭄이 들면 용신에게 기우제를 지냈습니다. 이처럼 뱀과 물은 불가분의 관계입니다. 현재도 인도나 동남아시아 지역의 신화나 종교에서 뱀은 생명력을 상징하며 물과 밀접한 관계를 맺습니다. 그러므로 물이 많은 지역에서 치수는 매우 중요한 문제였을 것이고 '禹'의 형태가 뱀을 손으로 잡고 있는 형상인 것은 바로 '치수'를 상징한다고 해석할 수 있습니다.

1.3 상(商)왕조 명칭의 유래

하 왕조의 뒤를 이어서 상(商) 왕조가 등장합니다. 상 왕조는 중국 역사상 두 번째 왕조이기는 하지만 현재까지 고고학적으로 그 실재가 증명된 중국 최초의 왕조이지요. 청나라 말기까지만 하더라도 상 왕조 역시 전설로 치부되었지만, 1899년 상 왕조 문자인 갑골문이 출토되고, 1928년부터 허난(河南)성 안양(安陽)시 일대에서 15차례의 발굴을 통해 상 왕조 후기 수도였던 은허(殷墟)를 발굴하게 되면서 비로소 역사상 실존했던 왕조로 인정받게 됩니다. 특히, 대량으로 발견된 갑골문은 이전의 문헌 기록과 비교하여 교차 검증할 수 있게 되었고, 뿐만 아니라 동아시아에서도 이집트나 메소포타미아 문명에 결코 뒤지지 않는 찬란한 청동기 문명이 존재했음을 입증할 수 있는 매우 큰 가치를 지니지요.

상 왕조는 '은(殷)'이라고 부르기도 하며, 두 글자를 붙여서 '은 상(殷商)'이라고 하기도 합니다. 이러한 명칭은 과거 기록에서도 나타납니다. 그러나 문제는 이 글자들의 출현 시기가 약간씩 차이가 있다는 점입니다. 은허에서 출토된 갑골문에서는 '은'자가 보이지 않는 반면, '상'자는 여러 차례 등장합니다. 상나라 사람들이 자신의 나라 이름을 '은'이라고 불렀다면 당연히 기록에서도 '은'자가 보여야 하는데 '상'자만 보인다는 점은 생각해 볼 필요가 있습니다.

우선, '상'자부터 살펴보겠습니다.

갑골문의 '商'   금문의 '商'   전서의 '商'

갑골문, 금문, 전서의 '상'자는 오늘날의 '상'자와 형태적으로 큰 차이는 없습니다. 그러나 '商'자의 본래 뜻이 무엇인지에 대해서는 아직까지 의견이 분분합니다. 한대 허신(許愼 30-124)의 『설문』에서는 '상'자의 본뜻을 '계산' 또는 '추측'으로 해석하고 있습니다. 『시경·상송(商頌)·현조(玄鳥)』편에는 "천명을 받은 검은 새가 땅으로 떨어져서 상을 낳았다[天命玄鸟 , 降而生商(천명현조, 강

이생상)].”라는 문장이 나오는데요, 중국의 일부 학자들은 이 문장을 들어 ‘상’은 제비를 뜻하거나, 또는 상나라 사람들이 숭상하던 28숙 별자리 중의 하나라고 해석하기도 합니다. 갑골문의 기록을 보면 은으로 수도를 옮겼을 때 이미 상나라 사람들은 자신들의 왕조를 ‘상’이라고 부르고 있었음을 알 수 있습니다.

기원전 13세기경 상의 왕 반경(盤庚)은 쇠약해진 상나라를 부흥시키기 위해서 은읍(殷邑: 지금의 허난성 안양)으로 다시 수도를 옮기게 되는데, 그때도 ‘상’이라는 명칭을 계속 사용했습니다. 그래서 중국의 청말 유학자인 왕국유(王國維 1877-1927)는 ‘은’이라는 명칭은 당시 외부인들이 상 왕조를 부르는 호칭이었던 것으로 추측했습니다. 이는 전국(戰國) 시대 때 위(魏)나라가 수도를 대량(大梁 지금의 허난성 카이펑)으로 옮기고, 국명을 ‘양(梁)’이라고 불렀던 것과 유사합니다. 고대 사회에서는 수도를 국명으로 부르는 경우가 흔했기에 은으로 수도를 옮긴 이후에 상나라 사람들은 여전히 자신들의 국명을 ‘상’이라고 불렀지만, 외부 사람들은 ‘은’이라고 불렀을 가능성이 매우 높습니다. 중국의 역사학자 왕위저(王玉哲) 교수는 ‘상’은 부족명이며, 앞서 『시경』에서 언급했던 현조가 바로 상나라 사람들의 토템이었을 것으로 추정합니다. 그래서 ‘상’자의 윗부분이 바로 그들의 토템인 새의 모양을 나타낸 것이라고 하였습

한자와 중국고대사

니다. 또 『갑골문자전(甲骨文字典)』을 편찬한 쉬중수(徐中舒) 교수는 '상'자의 아랫부분 형태가 땅을 파고 거주하는 형상을 나타낸 것으로 보는데, 실제로 갑골문에서 건축물을 나타낸 글자들의 형태와 매우 유사합니다. 그래서 이들의 견해에 따르면 '상'자는 집 또는 건물 꼭대기에 토템인 새를 매달아 놓은 형상이라고 합니다.

상 왕조를 멸망시키고 주 왕조를 건국한 주족은 서쪽에서 침입한 소수의 정복자들이었습니다. 이들은 상족에 비해서 인구 수도 적고, 문화 수준도 낮았기 때문에 상나라 유민들을 효율적으로 통제하기 쉽지 않았을 것입니다. 그래서 천명론을 들어 상의 유민들을 세뇌시키고, 종법 제도를 바탕으로 한 분봉제를 실시하여 정치적으로 상당한 성공을 거두게 됩니다. 하지만 경제 방면에 있어서 물자 관리나 유통과 같이 전문적인 일은 자신들보다 뛰어난 상의 유민들이 전담하도록 하였습니다. 그래서 후에 '상인(商人)'은 상나라 사람이라는 원래 뜻이 사라지고 '장사를 하는 사람'이라는 뜻만 남은 것으로 보입니다.

다음으로 '殷(은)'자에 대해서 살펴보겠습니다. 상 왕조를 '은'이라고 지칭하기도 하는데, '은'자는 주대에 이르러서야 등장합니다. 즉, 금문에서 비로소 보이는데, 사마천의 『사기·은본기』를 비롯해서 많은 문헌에서 '은'이 훨씬 더 많이 등장합니다. 이는 주족을 비롯해서 외부에서 상 왕조를 '은'이라고 불렀기 때문인 것으로 보입니다.

금문의 '殷'

소전의 '殷'

'은'자의 형태는 금문과 소전에서 비슷합니다. 왼쪽에는 배를 내민 사람, 오른쪽 밑은 '手(손 수)'자의 옛 형태이며, 그 위에는 침(針) 또는 악기를 형상화했습니다. 즉, 손에 악기를 들고 있는 모습을 나타낸 것입니다. 『설문』에 "作樂之盛稱殷(작악지성칭은)"이라는 문장이 나오는데요, '작악지성'은 '성대한 악무(樂舞)'라는 뜻입니다. 이것이 은의 본뜻이며, 이후에 '성대하다', '크다'라는 뜻으로 발전된 것입니다.

1.4 주(周)왕조 명칭의 유래

상 왕조의 뒤를 이어서 주(周) 왕조가 등장합니다. 주족은 원래

한자와 중국고대사

상 왕조가 있던 곳의 서쪽, 지금의 섬서성(陝西省), 감숙성(甘肅省) 일대에 거주하면서 점차 세력을 확대해 나갔습니다. 기원전 11세기 중반경, 상 왕조의 마지막 국왕인 주(紂)왕의 폭정을 틈 타 주변 부족들을 귀합하여 상 왕조와 전쟁에 돌입하게 됩니다. 이 과정에서 문(文)왕이 죽고, 그의 아들인 무(武)왕이 전쟁을 지속하다가 목야대전(牧野大戰)에서 승리하면서 마침내 상 왕조를 멸망시키고 주 왕조를 열게 됩니다. 청말의 대학자였던 왕국유(王國維)는 상에서 주나라로의 왕조 교체는 중국 역사상 가장 큰 사건이라고 말할 정도로 중국 고대사에서 가장 큰 획을 그은 사건이라고 하였습니다.

그러면 '주'자가 어떤 의미를 담고 있는지 살펴보겠습니다.

갑골문의 '周'   금문의 '周'   설문의 '周'

갑골문의 '周'자는 구획이 가지런하게 나뉘어져 있습니다. 이는 농경지를 의미하는데, 농경지 가운데에 씨를 뿌린 모습입니다. 이를 통해 주족은 농경 위주의 경제 생활을 영위했다고 추측할 수 있습니다. 농작물 재배라고 하면, 흔히 쌀로 오해하기 쉽습니다.

그러나 황토 고원 지대에서 쌀을 재배하기 시작한 것은 수리 관계 시설이 확충되고 우경이 시작되었던 춘추 전국 시대 이후로 보는 것이 정설입니다. 그러므로 주대에 사용된 '禾(벼 화)'자는 쌀이 아니라, 잘 자라서 이삭이 패어 머리가 구부러진 기장이나 보리를 나타낸 것이라고 볼 수 있습니다. 즉, 주나라 때의 '禾'자는 기장이나 보리와 같은 곡식을 의미하며, 훨씬 뒤에 황화 유역까지 쌀농사가 보급된 이후에야 비로소 쌀이라는 뜻으로 쓰이기 시작했습니다. 아울러, 주 왕조의 시조인 후직后稷)의 이름에 '稷(기장 직)'자가 들어간 점도 주족과 농경이 매우 깊은 관계가 있음을 짐작할 수 있습니다.

주족의 원 거주지는 섬서(陝西)성의 무공현(武功懸) 일대인 태(邰)입니다. 그 후에 주나라의 기반을 확실하게 다진 주 태(太)왕 고공단부(古公亶父) 시기에 주원(周原)으로 이주하여 정착하게 됩니다. 그래서 지명인 주원에서 '주'라는 명칭이 유래되었다고 보는 것이 일반적입니다.

이상으로 하·상·주 명칭이 어떠한 의미를 담고 있는지 간략하게 살펴보았습니다. 우리는 하·상·주 시기의 역사에서 생각해 봐야 할 문제가 있습니다. 중국에서는 진시황 통일 이전의 하·상·주 세 나라를 특별히 '삼대(三代)'라고 일컬으며 자신들의 뿌리로 여깁니다. 또한 황화 문명이 세계 4대 문명 중 하나라는 사실을 매우 자랑스럽게 여깁니다. 그러나 이집트나 메소포타미아 문명은 수많은 고고학적 발굴을 통해 연대와 왕조의 계보가 잘 정리되어 있는 반면, 중국은 그렇지 않습니다. 5천 년의 역사를 가진 중국이지만 기록을 통해서 연대가 확정된 것은 기원전 841년부터 828년까지 지속되었던 공화행정(共和行政)때부터입니다. 주의 10대 왕인 려왕(厲王)이 폭정으로 쫓겨난 후에 주정공(周定公)과 소목봉(召穆公)이 공동으로 정사를 돌보게 되는데 이것을 '공화행정'이라고 하는데요. 즉, 이때부터의 연대는 비교적 확실하게 알 수 있지만, 그 이전의 역사 연대는 막연한 추측에 의존하여 서술될 수밖에 없었습니다. 다시 말해서 중국 전체 역사에서 거의 반이나 되는 시기 연대가 사실상 모호한 상황이므로 그 이전의 역사 서술은 신뢰도가 떨어질 수밖에 없습니다. 이는 자존심 강한 중국인에게 큰 오점이 될 수밖에 없지만, 문헌상의 기록을 검증할 수 있는 고고학적 증거가 불충분한 상태이기 때문에 달리 해결할 수 있는 뾰족한 수가 없는 것이 현실이었습니다.

그러나 중국의 국력이 커짐에 따라 중국 내에서는 자신들의 정체성을 고취시키기 위한 여러 작업을 시행했습니다. 그중, 하나라의 건국부터 기원전 841년까지의 연대를 확정 짓는 등 역사에서

가장 큰 공백이었던 문제를 해결하겠다는 명분을 앞세워서 1996
년부터 2000년까지 제9차 5개년 중점 과학 기술 프로젝트 중의 하
나로 '하상주단대공정(夏商周斷代工程)'을 진행했습니다. 이 명칭
에서 '단대(斷代)'는 '시기를 구분한다'는 의미입니다. 이 프로젝트
는 국가과학기술위원회가 주관하고 중국과학원, 중국사회과학원,
중국문물국 등 주요 국가 기관 7개와 역사학자 리쉐친(李學勤, 사회
과학원), 고고학자 리보첸(李伯謙, 베이징대학 고 고학과), 천문학자 시
저중(席澤宗, 중국과학원) 등을 비롯하여 200여 명의 당대 저명학자
들이 참여했습니다. 인문학 분야에서 그 유례를 찾기 어려울 정도
로 대규모 연구 사업을 진행했습니다. 그 결과, 하남(河南)성 정주
(鄭州)시의 이리두(二里頭) 유적을 하 왕조 유적으로 확정 짓습니
다. 또한 이를 바탕으로 기원전 2070년을 하 왕조의 건국 연대, 기
원전 1600년 무렵을 상 왕조 건국 연대, 기원전 1046년을 주 왕조
의 건국 연대로 확정 지어 발표했습니다.

이처럼 국가가 인문학 연구 전면에 나서서 주도하는 경우는 흔
하지 않을 뿐더러 국가가 주도하더라도 연구의 자율성이 보장되
는 것이 일반적입니다. 그러나 중국은 연구 방향과 결론까지 국가
가 미리 설정했다는 심각한 문제점을 안고 있습니다. 또한 민족
적 자긍심을 고양시키고 국민의 결속을 다지기 위해서 정치적 목

적이 개입되다 보니, 충분한 검토를 거치지 않고 졸속으로 진행되었습니다. 이 때문에 부정확한 결론을 도출했다는 치명적인 약점을 안게 된 것입니다. 뿐만 아니라 왜곡된 연구 성과를 현재 역사교육에 적극 반영시켜서, 소수민족의 다음 세대에까지 한족 중심의 중화주의 역사 교육을 강요하고 있습니다. 즉, 겉으로는 통일된 다민족 국가를 표방하지만, 실제로는 중국 영토 내의 모든 것을 한족 중심의 중화의 그릇 안에 넣어서 해석하려는 편협한 역사관이 드러납니다.

제2장

한자와 역대 왕조의
명칭 유래(2)

2.1 역대 왕조 명칭의 유래와 의미

진이나 송과 같은 일부 왕조들은 과거에 존재했던 국가 이름을 그대로 사용했습니다. 그러나 이민족이 세운 왕조는 요, 금, 원, 청과 같이 언뜻 그 유래를 알기 어려운 경우도 있습니다. 또 자신들의 정통성을 강조하기 위해서 옛 왕조 이름을 차용한 경우도 있습니다. 뿐만 아니라 한족의 왕조지만 '명'처럼 명칭의 기원이 이질적인 경우도 있는 등 그 유래와 기원은 복잡한 양상을 보입니다.

그러나 전체적으로 살펴보면 이민족이 세운 왕조나 명나라의 경우를 제외하고, 대부분 춘추 전국 시대에 존재했던 제후국 이름으로부터 유래된 경우가 많습니다. 이는 중국 사회의 과거 숭상, 복고적 분위기가 반영된 것입니다. 예를 들어 5대 10국(五代十國) 시기의 5대 왕조의 명칭을 보면 흥미로운 점을 발견할 수 있는데요, 5대 시기 화북(華北)지역에는 량(梁), 당(唐), 진(晉), 한(漢), 주(周) 다섯 왕조가 잇따라 들어서 십여 년 씩 존속했습니다. 역사에서는 이전에 존재했던 왕조들과 혼동을 피하기 위해서 앞에 '后(뒤 후)'자를 붙여서 후량, 후당, 후진, 후한, 후주라고 부릅니다. 뒤의 왕조로 갈수록 점점 더 앞선 시기의 왕조 이름을 사용하고 있는데요, 마지막에는 주(周)까지 등장합니다. 불과 10여년씩만 존재했던 국가들이었지만 자신들의 정통성을 주장하기 위해 왕조 이름을 통해 과거 왕조의 명맥을 이었음을 표방했습니다.

중국의 이러한 과거 숭상 분위기는 중국 사회에서 황제만큼이나 절대적인 권위를 가졌던 공자(孔子)의 가르침에서 그 단초를 찾을 수 있습니다. 주지하다시피 공자는 유학을 창시하고 최초의 사립학교를 운영하는 등 위대한 사상가이자 교육가입니다. 그가 창시한 유학은 후대 학자들에 의해 끊임없이 개량되면서 철학, 정치 사상, 사회 윤리 등 오늘날에 이르기까지 중국 사회 모든 분야에서 절대적인 영향력을 미치고 있습니다. 공자는 주공 단(旦)이 통치하던 서주(西周) 초기의 중국 사회를 가장 이상적인 사회로 여기며 당시의 정치를 재현해서 어지러운 현실을 바로잡고자 평생 노력했습니다.

주공 단은 주 무(武)왕의 동생입니다. 무왕은 상 왕조를 멸망시킨 후 2년 만에 죽고 13살에 불과한 아들 성(成)왕이 뒤를 잇게 됩니다. 이처럼 왕권이 불안정한 상황에서 무왕의 형제 중 가장 연장자였던 주공 단이 섭정 자리에 올라 조카의 든든한 버팀목이 된 것입니다. 그러나 무왕 형제 중, 관숙(管叔), 채숙(蔡叔)은 어린 조카에게 왕위가 계승된 것에 불만을 품고 상의 유민들을 선동해서 반란을 일으켰습니다. 주공 단은 다른 아우인 소공(召公) 석(奭)과

힘을 합쳐서 천신만고 끝에 3년 만에 반란을 제압하고 성왕의 지위를 공고히 하였습니다. 마음만 먹으면 얼마든지 자신이 주 천자에 등강할 수 있었지만 오직 섭정의 자리에서 주 왕조의 안정을 위해 최선을 다할 뿐이었습니다. 그리고 조카가 성년이 되자 권력을 돌려주고 자신은 원래의 분봉지인 노(魯)나라로 돌아가서 동이족의 반란을 감시하며 신하로서의 의무를 다했습니다.

공자는 주공 단처럼 사사로운 욕심을 버리고 오직 자신의 본분을 다한 행동을 찬양하고, 모든 사람이 그를 본받는다면 세상은 유토피아가 될 것이라고 확신했습니다. 이러한 이유로 주공 단을 가장 이상적인 정치를 실현한 인물로 보고 추앙했던 것입니다. (우리 역사에는 이와 정반대되는 사례가 있지요. 바로 어린 단종을 쫓아내고 왕위를 찬탈한 세조가 바로 그 예입니다. 세조의 왕위 찬탈은 공자의 가르침이 진리이던 당시 사회에서 절대 받아들일 수 없었습니다. 그래서 죽음을 각오하고 이를 바로잡으려는 사대부들의 반발이 끊이지 않았습니다.) 이처럼 오직 유학만이 절대적 권위를 가지고 있었던 중국 사회에서 새로 등장하는 왕조는 과거에 존재했던 왕조명을 빌려서라도 자신의 정통성을 합리화하고자 하였습니다.

2.2 왕조 명칭과 음양오행설(陰陽五行說)

왕조의 명칭 및 왕조 교체에 있어 유가 사상과 맹자의 역성혁명(易姓革命) 이론, 유가 사상에 흡수된 음양오행설(陰陽五行說)은 매우 밀접한 관계를 갖습니다. 먼저 음양오행설에 대해서 살펴보겠습니다.

약육강식의 춘추 전국 시대에서 유학은 국가 통치 사상으로 채택될 수 없었습니다. 그러나 전국 시대에 이르러 맹자와 순자를 거치면서 중대한 변화가 나타나게 됩니다. 맹자는 왕조의 흥망 원인으로 역성혁명(易姓革命)을 제시했는데, 이는 '천명(天命)을 거스르는 폭군때문에 천명이 바뀌고 다른 왕조로 넘어가게 된다'라는 이론으로 왕조 교체를 천명의 이동으로 해석했습니다. 이러한 맹자의 주장은 공자 시대보다 보다 더 발전된 유학의 면모를 보입니다. 그러나 인간의 본성이 악하기 때문에 교육으로 교화시켜야 된다는 순자의 성악설에 기원을 둔 법가가 등장하면서 전국 시대 각국은 변법(變法)을 단행하고, 무한 경쟁 시대로 돌입하게 됩니다.

당시 중국 사회는 통일을 향해 가는 추세였고, 군비 경쟁이 국가 존망을 좌우하는 시기였기 때문에 유학은 외면 받을 수밖에 없었습니다. 유학의 가르침은 태평성세를 위한 치국의 도리를 강조했지만, 이는 평화로운 시기의 정치에서나 구현될 수 있는 사상입니다. 그래서 늘 전쟁을 준비해야 하고, 강력한 군대 양성만이 살아남을 수 있던 전국 시대 상황에는 적합하지 않은 사상이었습니다. 한 고조 유방(劉邦)이 천하를 재통일한 뒤에도 전쟁에 지친 중국 사회는 휴식이 필요했기 때문에 한동안은 도가 사상이 국가의 정치 사상으로 채택되었습니다. 유학은 국력이 충실해진 한 무제(武帝)에 이르러서야 치국의 학문으로 채택되었습니다.

중국 역사에서 개국 황제는 거의 대부분 묘호(廟號)를 '태조'로 합니다. 그러나 몇몇 황제는 태조보다 한 단계 아래의 '고조'로 부르는데요, 대표적인 인물이 바로 한 고조 유방(劉邦)과 당 태종 이연(李淵)입니다. 이들은 자신이 스스로 왕조를 세운 것이 아니라, 주군을 배반하고 왕조를 세웠기 때문에 사관의 평가가 냉정할 수밖에 없었겠지요. 유방은 자신의 주군이었던 서초패왕(西楚覇王) 항우(項羽)로부터 한왕에 봉해졌지만, 끝내 항후를 죽이고 한 왕조를 세웠습니다. 당의 이연(李淵) 또한 수(隨) 왕조 때 태원유수(太原留守)로 있다가 거병을 하였습니다. 그리고 수 왕실로부터 관중(關中)의 당왕(唐王)에 봉해졌다가 결국에는 강제로 협박하다시피 하여 선양을 받아 당 왕조를 세웠습니다.

이처럼 사관의 붓은 매우 엄격하고 냉정했기 때문에 개국 군주들은 후대의 평가를 의식할 수밖에 없었습니다. 이 때문에 실제로는 왕위를 찬탈하는 경우였지만 형식적으로라도 선양의 형식을 빌어서 합법적인 왕조 계승자임을 내세웠습니다. 이의 대표적인 인물이 송 태조 조광윤(趙匡胤)입니다. 조광윤은 후주(後周) 절도사로 있다가 정변을 일으켜서 왕조를 세웠습니다. 그러나 고조가 아니라 태조의 시호를 받습니다. 그 이유는 실제로는 당시 7살에 불과했던 후주(後周) 공제(恭帝)로부터 황제 자리를 빼앗은 것이 분명하지만, 겉으로는 선양을 받았다고 위장했기 때문입니다. 이를 '진교의 변(陳橋之變)'이라고 합니다. 조광윤의 부하 장수들이 거란과의 전쟁에 나섰다가 잠이 든 조광윤에게 황제의 곤룡포를 입혀서 황제로 추대하여 어쩔 수 없이 선양을 받아 왕위에 올랐다는 즉, 왕위 찬탈을 미화하는 이야기를 만들어냈습니다. 이러한 권위를 가지고 있었기 때문에 유학은 중국사 2천년 동안 국가의 공인 학문으로서 기능할 수 있었습니다.

비록 유학은 전국 시대처럼 비상 시기에는 한 국가의 주도적인 정치 사상으로 채택되지 못했지만 내면적으로 끊임없이 발전했습니다. 또한 음양가(陰陽家)와 오행가(五行家)의 이론이 유학에 흡수되면서 왕조의 흥망을 자연 철학의 관점에서 설명할 수 있게 됩니다. 사실상 후대에 등장하는 왕조에게 음양오행가 이론은 절대적인 영향을 미치게 됩니다. 음양가의 이론은 음과 양의 두 기운이 서로 섞이고 조화를 이루는 가운데 만물이 생성된다는 것입니다. 그리고 오행가의 이론은 화, 토, 수, 목, 금 다섯 가지 기운이 서로 어울리고 순환함에서 만물이 생성된다는 것입니다. 이 두 사상은 비슷한 면이 많았기 때문에 자연스럽게 합쳐져서 '음양오행가'로 발전했고, 전국 시대에 이르러 유가 사상과 합쳐지면서 유학 발전에도 지대한 공헌을 하게 됩니다.

이처럼 왕조의 교체를 막연하게 천명의 이동과 교체로만 설명했던 유가 이론은 음양오행가 이론을 바탕으로 훨씬 더 정교하게 다듬어지게 됩니다. 왕조에 오행의 기운 중 하나를 부여하고 한 왕조의 기운이 쇠하면 이를 누르는 다른 오행 기운이 흥하면서 다른 왕조로 교체된다는 식으로 해석한 것입니다. 왕조가 망하지 않기 위해서는 왕도 정치를 해야 된다는 유가 이론은 이를 통해 더욱 설득력을 가지게 됩니다.

음양오행설은 사실상 거의 모든 방면에서 그 영향력을 미칠 정도로 매우 광범위하게 파급되었습니다다. 동중서(董仲舒 B.C 170?-B.C 120?)는 인의예지신(仁義禮智信)이라는 오상(五常)의 개념을 주장했습니다. 또 오늘날까지 우리가 '오방(五方)', '오색(五色)', '오미(五味)', '오악(五岳)', '오음(五音)', 오장육부의 '오장(五臟)'이라고 하는 모든 것이 오행과 관련된 사례들인데, 상당히 폭넓게 적용되고 있음을 알 수 있습니다.

오행과 오방에 해당하는 것들을 간략하게 도식을 통해 살펴보겠습니다.

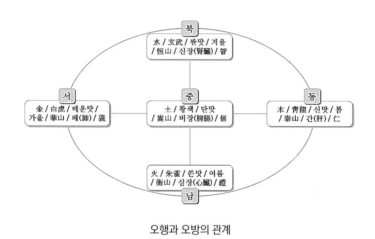

오행과 오방의 관계

이처럼 방위를 나타냄에 있어서 동서남북과 중앙을 합쳐서 '오방'이라고 합니다. 동쪽은 목(木), 남쪽은 화(火), 서쪽은 금(金), 북쪽은 수(水), 그리고 중앙은 토(土)의 기운을 가지고 있다고 해석합니다. 그리고 오행마다 각각 상징하는 색을 부여하는데, 동쪽의 목에는 푸른색, 남쪽의 화에는 붉은색, 서쪽의 금에는 흰색, 북쪽의 수에는 검은색, 그리고 중앙의 토에는 황색을 부여합니다. 중국 사람들은 자신들이 살던 중원, 황토 고원 지대를 '중앙의 흙'이라고 여겼기 때문에 자연스럽게 흙의 색인 황색을 중앙에 부여했습니다. 또한 풍수지리에서 흔히 '좌청룡 우백호'라고 이야기하는데, 동쪽인 좌에 청색 용을 붙여서 청룡, 그리고 서쪽이 백호를 상징하는 것도 바로 이러한 이유입니다. 또한 중의학(中醫學)에서는 인체 오장육부 중에서 목(木)은 간장, 화(火)는 심장, 토(土)는 비장, 금(金)은 폐, 그리고 수(水)는 신장에 해당한다고 봅니다. 이외에도 오미(五味) 및 중국을 대표하는 산인 오악(五岳)을 각 방위마다 오행에 따라 부여합니다.

2.2.1 상극설(相剋說)의 오행 순환

오행의 순환 방식은 상생설과 상극설 두 가지 이론이 있습니다. 먼저, 상극설은 전국 시대 제나라의 추연(鄒衍)으로부터 비롯된 이론입니다. 이는 오행의 한 기운이 쇠하게 되면 이와 반대되는 기운이 일어나 앞선 기운을 극복하고 대신하게 된다는 이론입니다. 상극설은 왕조의 교체를 자연스럽게 설명하고 있어서 현재도 종종 거론됩니다. 상극설에 따르면 오행의 순화는 다음과 같이 나타납니다.

목극토(木克土): 나무가 흙을 뚫고 나오고 ⇒ 금극목(金克
木): 쇠로 나무를 베고 ⇒ 화극금(火克金): 불로 쇠를 녹이고
⇒ 수극화(水克火): 물로 불을 끄고 ⇒ 토극수(土克水): 흙으로
물을 막는 관계

즉, 왕조의 순환은 상극설에 따라서 목→금→화→수→토의 순
서로 이어지게 됩니다.

2.2.2 상생설(相生說)의 오행 순환

상생설은 한 기운이 다른 기운을 배양하는 토대가 되어 자연스
럽게 서로 이어진다고 보는 이론입니다. 한대 대학자였던 유향(劉
向), 유흠(劉歆) 부자가 정리한 후에 본격적으로 널리 유행하게 되
었습니다. 앞서 살펴본 상극설은 왕조의 교체와 같은 사건들은 설
명하기 쉽지만, 계절의 변화나 부모로부터 자손이 이어지는 관계
등 설명하기 어려운 부분도 있습니다. 그러나 상생설에서는 물이
나무를 살리고, 또 나무는 불을 피우는 재료가 되고, 불이 다 타면

재가 돼서 흙으로 돌아간다는 식으로 오행의 기운이 자연스럽게 이어집니다. 이러한 이유로 전통 문화에서는 이름을 지을 때도 상생의 원리를 따랐는데, 항렬마다 돌림자를 사용하는 이유가 바로 여기에 있습니다. 예를 들어서 부모 이름 돌림자에 '火(불 화)'자 들어 있는 '烈(열)'자 또는 불을 의미하는 '夏(하)'자가 사용되었다면 자식 대에서는 '土(흙 토)'자가 들어있는 '在(있을 재)'자 등을 쓰는 것입니다. 그래서 예전에는 이름의 한자를 알면 몇 대 후손인지 바로 알 수 있었습니다. 특히 공자의 후손들은 한·중·일을 막론하고 어느 나라의 공씨라 하더라도 모두 각 대마다 똑같은 돌림자를 사용한다고 합니다.

상생설에서는 오행이 바로 목→화→토→금→수의 순서로 순환되는데 구체적인 내용은 다음과 같습니다.

목생화(木生火): 나무로부터 불을 붙이고 ⇒ 화생토(火生土): 불이 다 타면 재가 되어 흙으로 돌아가고 ⇒ 토생금(土生金): 땅으로부터 철광석이 나오고 ⇒ 금생수(金生水): 쇠가 녹아서 쇳물이 되고 ⇒ 수생목(水生木): 물이 초목을 자라게 한다.

이러한 관계는 하나의 원형으로 나타낼 수 있습니다.

→ 상생
→ 상극

오행의 상생(相生)과 상극(相剋)

위 그림에서 옅은 색 화살표는 상생 관계, 진한 색 화살표는 상극 관계를 나타냅니다. '목'으로 예를 들면, '목'은 상극 관계에 따라, '목극토'와 같이 짙은 색으로 이어지며, 반대로 상생 관계에 따라 '목생화'와 같은 연한 색으로 이어집니다. 각 왕조 명칭과 오행의 관계를 살펴볼 때는 이 그림을 옆에 놓고 같이 비교하면서 살펴보면 좀 더 쉽게 이해할 수 있습니다.

2.2.3 오행오덕설(五行五德說)의 순환

음양설과 오행설은 전국 시대 맹자보다 약간 늦은 시기에 활용했고, 제(齊)나라 추연(鄒衍)에 의해서 집대성되어 음양오행설로 발전하게 됩니다. 추연은 오행상승(五行相勝)의 원리에 의해서 만물이 순환된다고 해석했습니다. 더 나아가 왕조 교체에 적용하여 모든 왕조는 오행의 극에 의해 바뀐다는 '오덕종시설(五德終始說)'을 주장했습니다. 추연은 오행이 서로 상극 원리에 의해 교체된다고 주장하고, 당시 가장 강한 국력을 가졌던 진을 수덕(水德)으로 하였습니다. 그리고 삼황오제 때 황제부터 네 왕조를 각각 토덕(土德)에 황제, 목덕(木德)에 하(夏), 금덕(金德)에 상(商), 화덕(火德)에 주(周)로 상정했습니다. 즉, 토→목→금→화→수→토의 순서로 왕조가 순환된다고 본 것입니다. 이 이론대로라면 수덕의 진나라 다음인 한 왕조는 토극수의 원리에 따라서 토덕을 가지게 됩니다. 영화 <영웅>에서 진나라 군사들이 검은색 군복을 입고, 검은색 깃발을 들고 있어서 화면이 온통 검은색으로 도배된 듯한 장면이 자주 등장합니다. 이는 진나라가 '수덕'이기 때문입니다. 수에 해당하는 색이 검은색이므로 국가를 상징하는 색으로 채택하여 이 영화에서도 검은색이 자주 나온 것입니다.

한 왕조로 넘어와서, 한 왕조가 어떤 기운을 가졌는가에 대해서는 다양한 견해가 있습니다. 오행설도 사실 상극설과 상생설이 병립되면서 복잡한 양상을 보입니다. 우선 한고조 유방(劉邦)은 진나라가 가혹한 폭정 때문에 빨리 망했기 때문에 진나라를 정통 왕조로 인정하지 않았습니다. 그래서 한 왕조가 주 왕조의 바로 뒤를 이었다고 보았기 때문에 '수덕'이라고 인식했습니다. 이러한 인식은 이후에 논란이 되다가 한무제 때 주 왕조가 아닌, 수덕의 진나라 뒤를 이어 토덕의 한 왕조가 성립되었다고 수정합니다. 그러면서 역법이나 관복 등도 모두 토덕의 기운에 맞추어 수정했습니다. 이처럼 오행의 순환을 상생 원리로 보는 오덕상생설이 널리 퍼지면서 상황은 점점 더 복잡해집니다.

서한 후기에는 유향(劉向), 유흠(劉歆) 부자에 의해 『역경』을 바탕으로 한 오덕상생설이 발전합니다. 이는 토덕의 황제로부터가 아닌, 목덕의 복희씨(伏羲氏)로부터 시작해서 역대 왕조의 순환을 상극이 아닌 상생 원리에 따라 해석했습니다.

伏羲(목덕) ⇒ 伯禹(금덕) ⇒ 商湯(수덕) ⇒ 周武王(목덕) ⇒
(진왕조는 정통이 아니므로 제외) ⇒ 漢(화덕)

복희씨를 목덕으로 상정하고, 그 뒤의 백우(伯禹)를 금덕으로 봤는데, 이는 상극설에 따른 것입니다. 그 이후에 상(商)은 상생설에 따라서 수덕, 주(周) 역시 상생설에 따라 목덕, 그리고 진(晉) 왕조는 정통이 아니므로 제외하고, 한 왕조는 주 왕조를 이었기 때문에 화덕이라고 해석했습니다. 즉 '목생화'로 이어졌다고 본 것입니다. 전한의 뒤를 이은 왕망(王莽)의 신(新) 왕조는 선양의 형식을 거쳤기 때문에 다시 '화생토'이므로 토덕을 가지게 됩니다. 왕망이 죽고 난 이후에 신 왕조가 멸망하고, 광무제(光武帝) 유수(劉秀)가 후한(後漢)을 세워 다시 한 왕조를 계승합니다. 그러나 후한은 상극 원리로 보면 '목극토'이므로 목덕, 상생 원리로 보면 '토생금'이라서 금덕이 되어야 하지만 실제로는 화덕이라고 정했습니다. 이는 광무제가 후한은 신 왕조를 대체한 것이 아니라, 앞서 화덕이었던 전한을 그대로 이었기 때문에 오행 역시 화덕이라고 주장했기 때문입니다. 이처럼 한 왕조에서는 상극과 상생 이론이 번갈아 사용되면서 정통성을 합리화시키는 이론적 도구로 사용되었습니다. 오행설에 따른 왕조 교체 설명은 천명의 소재와 정권의 정당성을 내세우기에 가장 적합한 이론이었기 때문에 이후 여러 왕조들이 국호를 제정할 때 오행설을 이용했음을 어렵지 않게 발견할 수 있습니다.

한 왕조 이후 역사에서 위진남북조 시기와 5대 10국과 같이 분열되어 여러 나라가 병존하는 경우, 왕조의 계승 관계가 상생 관계인지 상극 관계인지 불확실해서 해석이 다른 경우도 많습니다. 또한 상생과 상극이 엇갈려 등장하기 때문에 왕조별 오행 순서가 반드시 우리가 앞서 살펴보았던 순서대로 그대로 이어지는 것이 아니라 들쭉날쭉하게 나타납니다.

2.2.4 한 왕조 이후 주요 왕조의 오행 계승 관계

한 왕조 이후 주요 왕조의 오행 계승 관계는 다음과 같습니다.

위(魏)	화생토, 토덕
⇒ 진(晉)	토생금, 금덕
⇒ 수(隋)	수극화, 수덕
⇒ 당(唐)	토극수, 토덕

후한에 이어 위촉오 삼국 시대가 등장합니다. 조조의 위(魏)나라는 화생토, 토덕입니다. 그 다음에 사마씨가 삼국을 진(晉)나라로 통일합니다. 사마염(司馬炎)이 형식상 위의 원제로부터 선양을 받았기에 상생의 관계로 보면 토생금, 금덕에 해당됩니다. 이어 수(隋)나라로 내려오는데, 사실 이 중간에는 진나라에서 동진으로 이어지는 남북조 시기가 있습니다. 그러므로 수나라는 진나라를 그대로 대체한 것이 아니라, 북조에 해당하던 북주(北周)를 계승한

것으로 봐야 합니다. 이에 따라 수극화, 수덕에 해당하고 수나라 를 대체한 당나라는 토극수, 토덕에 해당됩니다. 이렇게 보면 왕 조의 계승 관계는 당 왕조까지는 별 문제없이 이어집니다.

당이 멸망한 뒤 5대 10국 시기의 화북 지역에는 후량(後梁), 후 당(後唐), 후진(後晉), 후한(後漢), 후주(後周)의 5왕조가 이어지는데 이 5왕조의 계승 관계를 어떻게 보느냐에 따라서 송 왕조의 오행 또한 결과가 달라집니다. 송 왕조는 대략 목생화의 화덕 또는 수 생목의 목덕으로 봅니다. 이처럼 각 왕조의 오행 계승은 정치적 목적이 강하기 때문에 어떻게 해석하느냐에 따라서 결과가 완전 히 달라지기도 합니다.

송 이후, 요(遼)부터 현재 중화인민공화국까지 오행 기운을 보 면 대략 다음과 같습니다.

요(遼)	목극토, 목덕(당왕조를 계승)
⇒ 금(金)	금극목, 금덕(요왕조를 계승)
⇒ 원(元)	금덕으로 추정
⇒ 명(明)	화극금, 화덕
⇒ 청(淸)	수극화, 수덕

⇒ 중화민국	수생목, 목덕(위안스카이가 청을 계승한 것으로 해석, 청천백일기는 목의 청색을 의미)
⇒ 중화인민공화국	목생화, 화덕

　우선 정복 왕조였던 요와 금 왕조는 시기적으로 송 왕조, 특히 남송과 공존했습니다. 요, 금 왕조는 화북 지역을 점령하면서 송나라를 핍박했습니다. 송은 화북지역을 상실하고 장강 이남의 지역을 발판으로 하는 남송 왕조를 세워 명맥을 이어갔습니다. 요, 금 왕조는 화북 지역을 지배하면서 인구 수가 훨씬 더 많은 한족들을 통제해야 되는 문제에 부딪히게 되지요. 통치의 정당성을 주장하기 위해서 요나라는 자신들이 이전의 당 왕조를 계승했다고 주장합니다. 그래서 토덕의 당 왕조로부터 이어져 목극토, 목덕에 해당이 되는 것입니다. 요의 뒤를 이은 여진족의 금 왕조는 요 왕조를 계승했다고 주장했기 때문에 금극목, 금덕으로 해석했습니다.

　요나라는 원래 '거란(契丹)'을 국명으로 사용하다가 947년에 '요'라고 바꾸었습니다. 『금사(金史)』에 따르면, 거란은 강철을 의미하는 '빈철(鑌鐵)'로부터 유래되었다고 합니다. 한자는 '결단'인데 우리말에서 '결안'이라고 발음이 되다가 연음법칙에 의해 '거란'으로 변한 것으로 보입니다. 요는 여진족의 금에게 화북지역

한자와 중국고대사

을 내주고 서쪽으로 쫓겨나서 중앙아시아 지역에 서요(西遼)를 세우게 됩니다. 이 지역 사람들은 요나라가 동쪽인 중국에서 왔기 때문에 요를 중국으로 인식했습니다. 그래서 중앙아시아에서는 거란이라는 명칭 자체가 중국을 의미했습니다. 거란을 뜻하는 'Kitai'는 고대 영어에 전해져서 영어식 발음 'Cathay'로 바뀌었습니다. 이 명칭은 오늘날까지 사용되고 있는데요, 그 예가 바로 '캐세이 퍼시픽(Cathay Pacific) 항공'입니다. 캐세이 퍼시픽 항공은 중국과 태평양이 주 무대임을 항공사명으로 보여 줍니다.

여진족이 세운 금나라는 목덕의 요를 계승했다고 여기고 아예 오행 중 하나인 금(金)을 국호로 사용했습니다. 그리고 원나라는 남송을 멸망시키고 중국을 재통일했는데, 몽골 제국의 대칸[1]이자 원나라의 초대 황제인 쿠빌라이 칸(Kublai Khan 1215-1294)이 황제 자리에 오른 후에 1271년 『역경·단전(彖傳)』의 '대재건원(大哉乾元)'이라는 대목에서 '으뜸'을 뜻하는 '원(元)'자를 따서 국호를 '원'이라고 제정합니다. 즉, '원'이라는 명칭은 중국을 계승함과 동시에 몽골족이 세운 국가가 한족을 정복했음을 나타냅니다. 이는 자신들의 원 왕조가 한족 왕조보다 더 우월하다는 인식을 드러낸 것입

---

1   '대칸'은 몽골이나 튀르크 계통 국가의 황제를 뜻합니다.

니다.

'원'은 양(陽)의 기운이 강한 명칭이며, 금의 기운이 있다는 말
도 있습니다. 그러나 원 왕조는 자신들이 오행의 어느 기운에 해
당된다고 밝힌 바가 없으며, 후대에 와서 금덕으로 추정한 것입
니다. 몽골족의 원은 북쪽과 동쪽 끝으로 여진족의 금나라를 쫓아
내고, 밑으로는 한족의 남송까지 멸망시키고 세운 왕조입니다. 원
은 자신들이 목덕의 요 왕조를 계승했다고 했습니다. 또 원의 뒤
를 이은 명(明)이 화덕이라고 주장하므로, 이를 바탕으로 해석하
면 원 왕조는 금덕이 됩니다. 이 때문에 후대에서 원 왕조를 금덕
이라고 추정하는 것입니다.

또한 몽골 원 왕조에 의해서 북쪽 끝으로 쫓겨났던 금나라 여
진족은 명 말기에 이름을 만주족으로 바꾸고 다시 청나라를 세웁
니다. 명 왕조가 왜 '명'이라는 국호를 사용했는지에 대해서는 『명
사(明史)』 어디에도 구체적인 기록이나 언급이 없다고 합니다. 다
만, 명 태조 주원장(朱元璋 1368-1398)이 명교(名教) 출신이라는 사
실은 널리 알려져 있습니다. 명교는 원래 일월신교(日月神教)[2]에서
왔다고 하는데 '일월'은 '명교'의 '명'자에서 따온 것이라고 추정

2　　장일청, 이인호 역, 2016, 『12개 한자로 읽는 중국』, 뿌리와 이파리, 210쪽.

합니다. 또 주원장의 '주(朱)'자가 '붉을 주'이므로 불의 기운과 어울린다고 보기도 합니다.

이처럼 명확한 기록으로 남은 것은 없지만 명교에서 국호를 따왔을 것이라고 추정합니다. 그리고 명 말기에는 북쪽으로 쫓겨났던 여진족의 후예 만주(滿洲)족이 나라를 세운 뒤 금 왕조를 계승했음을 나타내기 위해서 후금(後金)이라고 칭합니다. 후금은 화덕의 명 왕조와 전쟁을 벌여서 승리하고 중원을 지배하는 대제국을 세우게 됩니다. 화덕의 명 왕조를 계승했기에 수극화의 원리에 맞게 물을 나타내는 '氵(삼수변)'을 앞에 붙여서 '청(淸)'이라는 국호를 사용하게 된 것입니다.

청 왕조 이후의 중화민국은 위안스카이(袁世凱 1859-1916)가 청을 계승한 것으로 해석해서 수생목, 목덕이라고 하고, 또 중화인민공화국은 목생화, 화덕이라고 주장합니다. 청 왕조 이후 중화민국과 중화인민공화국 경우에는 이론이 많을 수밖에 없습니다. 그러나 이 둘 다 청 왕조를 계승했다고 해서 상생으로 해석하는 것은 언뜻 수긍하기 어렵습니다. 사실 한족의 부흥을 표방하면서 청 왕조 타도를 내세웠던 중화민국이, 과연 청 왕조를 순조롭게 계승한 상생 원리로 해석할 수 있는지 의문이 들지요. 청을 계승했음을 강조하기 위하여 상생으로 해석하기 때문에 중화민국의 청천

백일기는 목덕의 청색을 의미한다고 볼 수 있습니다. 그리고 주지하다시피 중화인민공화국은 치열한 국공 내전을 벌여서 결국 대륙을 차지하고 세운 국가입니다. 그렇기 때문에 중화인민공화국이 중화민국을 계승해서 목생화, 상생의 원리를 적용시키는 것도 그다지 적합하지 않아 보입니다. 오히려 상극의 관계로 보는 것이 더 합리적일 것입니다. 그럼에도 불구하고 중화인민공화국이 화덕이라고 주장하는 이유를 추측할 수 있는데요. 바로 청 왕조가 중국 역사상 가장 넓은 영토를 차지했고, 강력한 국력을 보유했던 국가이기 때문에 청 왕조를 계승했다고 내세우는 것입니다. 앞서 살펴본 바와 같이 청 왕조의 국토는 매우 넓었습니다. 현재 중국이 빼앗겼다고 주장하는 영토를 표기한 지도를 보면 거의 청 왕조의 영토를 근거로 하고 있습니다.[3] 또 흥미로운 점은 한족이 세운 왕조 중에서, 오랜 기간 존속하면서 강력한 국력을 가졌던 왕조는 모두 화덕에 속한다는 점입니다. 이를 통해 중화인민공화국을 굳이 화덕으로 해석하려는 이유를 알 수 있지요.

　이상으로 중국 역대 왕조의 이름을 통해서 중국사를 간략하게 살펴보았습니다. 왕조의 이름 역시 과거에 존재했던 왕조와의 연

3　　1강의 지도를 참조하세요.

　　　　　　　　　　　　　　　한자와 중국고대사

관성을 표방하는 경우가 많았는데, 때로는 좀 억지스러운 느낌이 들 정도로 과거와의 연결을 강조하는 경우도 있었습니다. 이러한 점 역시 중국 문화의 특징 중 하나로 볼 수 있겠습니다.

제3장

한자와 역대 왕조의
수도 명칭

3.1 우공(禹貢)과 9주의 세계

앞서 고대 중국인들은 자신들이 사는 황하 유역의 황토 구릉 지대를 천하의 중심 지역으로 여겼다고 했습니다. 이번 장에는 '고대 중국인들의 지리 관념과 역대 왕조의 수도 명칭'에 대하여 알아보겠습니다.

고대 문명에 있어서 자신들을 중심으로 하는 세계관을 가지거나 주변 민족보다 자신들이 우월하다고 여기는 일종의 선민의식은 어느 문명에서나 흔히 보이는 일반적인 현상입니다. 고대 중국인들 역시 자신들이 살던 지역을 '중원', '중국'으로 부르면서 세상의 중심으로 여기는 세계관을 가지고 있었습니다. 하·상·주 삼대를 거치면서 고대 중국인의 세계관은 체계적으로 다듬어지면서 이론화되었는데요, 선진 시대 고대 중국인의 지리관, 세계관을 담고 있는 것이 바로 『우공(禹貢)』과 『산해경(山海經)』입니다. 『우공』은 원래 『서경(書經)』의 한 편으로 왕국유(王國維)의 고증에 따르면, 『우공』은 서주 초기 주나라 사람들의 지리 관념을 반영하고 있다고 합니다. 또 민국 시기 고사변(古史辨, 달리 의고(擬古)학파) 학파의 태두였던 구제강(顧頡剛)은 전국 시기 진나라 사람의 저작으로, 중국 최고의 역사지리 학자인 스녠하이(史念海) 교수는 전국 시기 위나라 사람의 저작으로 보고 있고, 일본의 역사학자 나이토 도라지로(內藤虎次) 교수는 전국 말에서 동한 초기에 만들어진 작품으로 보고 있습니다. 종합하면, 『우공』은 비록 대우(大禹)의 이름을 빌려서 후대에 만들어진 작품이지만, 늦게 잡더라도 전국 시대 사람들의 지리관을 반영하고 있다고 보아도 좋을 것입니다.

먼저, 우공에 대하여 살펴보도록 하겠습니다.

『우공』편에서는 대우가 홍수를 다스리고 토지의 경계를 정하여 천하를 9주로 나누었다고 기록했습니다. 그 내용은 비록 하나라 때의 일을 이야기하고 있지만, 실제로는 춘추 전국 시대 중국인의 지리 관념을 반영한 것이라고 보아야 합니다. 그 내용은 천하를 기(冀)·연(兗)·청(靑)·서(徐)·양(揚)·형(荊)·여(予)·양(梁)·옹(擁)의 아홉 주(州)로 구분하고, 각 주의 산천, 공부(貢賦), 특산물 등을 나열하고 있습니다. 또 『우공』의 끝부분에서는 주나라의 수도를 중심으로 하여 5백 리마다 권역을 설정했는데, 주대에 시행되었다고 하는 '오복제(五服制)'를 나타내고 있습니다.

『우공』의 9주는 다음과 같습니다.

1) 기주(冀州): 섬서성과 산서성 사이의 황하 동쪽, 산서성과 하남성 사이의 황하 북쪽, 하북성 동남부와 산동성

서북부 일대를 가리키며, 하북성이 가장 많은 부분을
차지하기에 지금도 하북성의 약칭을 '冀'로 사용하고
있음

2) 연주(兗州): 하북성 창(滄)현 이남, 제남 북쪽의 산동성
   일대

3) 청주(靑州): 산동성 덕주(德州), 제남 이북의 산동성과
   하북성 일부

4) 서주(徐州): 산동성 동남부와 장강 이북의 강소성 일대

5) 양주(揚州): 회하(淮河) 이남, 회하 이남의 강소성 & 절
   강성

6) 형주(荊州): 한수(漢水) 이남, 남장(南漳)현 서쪽의 호북
   성 일대

7) 예주(豫州): 하남성 전역과 형산(荊山) 이북의 호북성

8) 량주(梁州): 섬서성 진령(秦嶺) 남쪽, 자오하(子午河)와 임
   하(任河) 서쪽

9) 옹주(雍州): 섬서성 중부, 감숙성 동남부, 영하(寧夏) 남
   부와 청해성의 황하 이남 지역

우공구주도(禹貢九州圖)[1]

　이상의 9주는 주대의 중국인들이 생각하던 중원 지역이었습니다. 황하 유역의 황토 고원 지대를 중심으로 하였던 하 왕조와 상 왕조에 비해 주대에는 중국의 범위가 비약적으로 넓어졌음을 알 수 있습니다.

　『우공』에는 또한 주대에 실시되었다고 하는 '오복제(五服制)'의 내용이 기록되어 있습니다. 이는 주 천자가 직접 다스리는 주나라의 수도로부터 오백 리씩 거리에 따라 다섯 구역으로 구분해 놓은 것인데요. 중원에 속하는 지역 이외에 화하족이 통치하지 않는 지

1　　https://ko.wikipedia.org/wiki

한자와 중국고대사

역까지 포함하여 구분했기에 주나라 사람들의 세계관이 어떠했는지 알 수 있습니다.

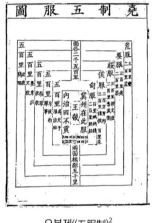

오복제((五服制)[2]

『상서·우공』편 오복제의 내용을 보면 다음과 같습니다.

"서울에서 오백 리까지가 전복이다. 백 리까지는 곡식을 묶어 바치고 2백 리까지는 이삭을 바치고, 삼백 리까지는 갈복(곡식 낟알)을 바치고, 사백 리까지는 속(찧지 않은 곡식)을 바

---

2   경기문화재단, 2020, 「'경기'의 또 다른 이름, '기전'(畿甸)」, 『경기학광장』vol.5.

치고, 오 백리까지는 찧은 곡식을 바쳤다.(여기서 米자는 쌀을 의미하는 것이 아니라, 껍질을 벗기고 찧은 곡식을 가리킨다.)

五百里甸服, 百里賦內總, 二百里納銍, 三百里納戞服, 四百里粟, 五百里米(오백리전복, 백리부내총, 이백리내질, 삼백리내갈복, 사백리속, 오백리미).

두 번째 오백 리까지는 후복이다. 첫 백 리까지는 경대부의 채읍(제사나 왕궁에서 소모되는 물품들을 생산하는 토지)이고, 다음 백 리는 남작의 나라(큰 제후국 '공,후' 보다 작은 중간 제후국)였고 나머지 삼백 리는 제후들의 나라였다.

五百里侯服, 百里采, 二百里男國, 三百里諸侯(오백리후복, 백리채, 이백리남국, 삼백리제후).

세 번째 오백 리까지는 수복이다. 첫 삼백 리까지는 천자의 교화를 관장(시행)했고, 나머지 이백 리는 무위를 떨쳐 나라를 보위했다.

五百里綏服, 三百里揆文敎, 二百里奮武衛(오백리수복, 삼백리규문교, 이백리분무위).

네 번째 오백 리까지는 요복으로, 첫 삼백 리 이내는 오랑캐가 사는 지역이었고 나머지 이백 리(오백 리까지)는 죄인을 귀양보내는 곳이었다.

五百里要服, 三百里夷, 五百里蔡(오백리요복, 삼백리이, 오백

한자와 중국고대사

리채).

다섯 번째 오백 리까지는 황복이다. 삼백 리는 미개한 야만 지역이었고, 나머지 이백 리는 떠돌아다니는 지역이었다. ('流'를 중죄인의 유배지로 해석하기도 한다)"

五百里荒服, 三百里蠻, 二百里流(오백리황복, 삼백리만, 이백리류).

『사기·주본기』에서는 오복제를 다음과 같이 설명하고 있습니다.

"선왕의 제도에 따르면 도성(邦에 '수도'의 뜻도 있음)으로부터 5백 리 이내를 전복(甸服), 도성(왕기) 5백 리 밖을 후복(侯服)이라고 하였으며, 후복과 위복 사이를 빈복(賓服), 만이(蠻夷)의 땅을 요복(要服), 융·적의 땅을 황복(荒服)이라고 하였다."

夫先王之制, 邦內甸服, 邦外侯服, 侯衛賓服, 夷蠻要服, 戎翟荒服(부선왕지제, 방내전복, 방외후복, 후위빈복, 이만요복, 융적황복).

오복제에서는 수도(왕기-왕이 직접 다스리는 지역)로부터 각각 5백 리씩을 차지하는 다섯 개의 구역이 동심원을 이루는 구조로 분포되어 있다고 설명하고 있습니다. 곧 문헌상의 오복제 기록대로라면 그 범위가 사방 오천리나 되는 광대한 영역임을 알 수 있습니다.

『우공』에서는 이처럼 우임금이 시행했다는 9주와 5복에 대하여 설명하고 있습니다만, 하 왕조 때 중국의 범위는 황하 유역을 벗어나지 못했습니다. 춘추 전국 시대에도 중원의 범위는 장강 유역의 호남성, 절강성 정도까지가 남방 한계였고, 그 남쪽의 지역은 이민족인 묘족과 월족의 땅이었습니다. 반면 9주에서는 이보다 훨씬 남쪽 지역까지 언급하고 있기에 전국 시대 이후의 상황을 반영한 것으로 해석하는 것이 마땅할 것입니다.

또, 막 신석기 시대를 벗어났고 왕위 세습제도 아직 완비되지 못했던 하 왕조 때, 오복제처럼 오행설의 영향을 받은 것으로 보이는 제도가 구비되었다고 보기도 어렵겠지요. 이 때문에 『우공』은 우의 이름을 빌려 후대인이 쓴 기사로 여겨지고 있습니다. 다만 그 안의 내용으로 미루어 보면 전국 시대의 작품일 가능성이 가장 큰 것으로 보입니다. 9주는 전국시대 당시 중국인의 지리 인식 범위를 나타내고, 오복은 천자와 제후 사이의 토지소유제를 설명하고 있음을 알 수 있습니다.

3.2 역대 왕조의 수도

왕조의 실재 여부가 아직 밝혀지지 않은 하 왕조를 제외하고, 상 왕조부터 역대 왕조의 수도였던 지역의 지명에 대하여 살펴보 겠습니다.

상 왕조는 상 왕조 이전에 8번, 상 왕조 때 5번, 모두 13번이나 수도를 옮겼다고 합니다. 그중 하남성의 안양에서 은허(殷墟)의 유 적을 발굴함으로써 비로소 상 왕조 후기의 수도가 은허였음이 증 명되었습니다. 갑골문의 기록을 보면, '대읍(大邑)', '상(商)', '중상 (中商)', '천읍(天邑)' 등의 지명이 보입니다. 이들 지명은 당연히 상 의 도읍을 나타내지만, 안양의 은허를 가리키는 것인지에 대해서 는 아직 학계의 의견이 통일되어 있지 않습니다.

주 왕조를 건립한 주족은 지금의 섬서성 서안(西安) 근처인 호 경(鎬京)에 도읍을 정하고, 왕기(王畿) 이외의 지역에 많은 제후국 을 건립했습니다. 노(魯), 위(衛), 정(鄭), 채(蔡) 등 주 왕실과 동성인 '희(姬)'성의 제후국들, 주 왕실과 혼인 등으로 밀접한 관계를 맺은 제(齊), 허(許), 신(申), 여(呂) 등 이성(異姓) 제후국들은 각지의 군사 적 거점을 차지하고 주 왕실을 보호하는 번병(藩屛)의 작용을 하 였습니다. 그리고 초(楚), 서(徐), 래(萊)처럼 이민족이면서 주족의 통치에 참여한 제후국들도 있었습니다. 특히 초는 후에 춘추오패의 하나로 군림하면서 중원의 국제 정치를 좌지우지할 정도로 막강한 힘을 과시했는데요. 『춘추좌전』에서는 "한양제희, 초실진지(漢陽諸姬, 楚實盡之)"라고 하여 "한수 북쪽의 수많은 희성의 제후국들을 초나라가 몽땅 다 멸망시켰다"라고 기록하고 있습니다.

'陽(볕 양)'자는 강 이름과 같이 사용하면 강 북쪽의 땅을 의미합니다. 한수 북쪽의 땅이기 때문에 한양이라고 한 것이지요. 서울의 옛 이름인 한양 역시 한수(漢水, 한강의 옛 이름) 북쪽에 도읍을 정했기 때문에 한양이라고 한 것이고요. 고대 중국에서 지명을 지을 때, "山南水北爲陽, 山北水南爲陰.(산남수북위양, 산북수남위음.)"이라고 해서, 산의 남쪽과 강의 북쪽 땅은 양이라고 하며 산의 북쪽과 강의 남쪽은 陰이라고 하였습니다. 낙수의 북쪽 땅인 '낙양(洛陽)', 심수의 북쪽 땅인 '심양(瀋陽)', 회하(淮河)의 남쪽 땅인 '회음(淮陰)', 형산의 남쪽에 있는 '형양(衡陽)'처럼 아직도 중국의 지명에서 'X양', 'X음' 식의 지명을 많이 볼 수 있습니다.

주 왕조는 상 왕조 유민들의 반발을 무마하고 새로 정복한 동방의 광활한 영토를 원활하게 관리하기 위하여 낙읍(洛邑, 지금의 하남성 낙양(洛陽))에 새로운 행정수도인 성주(成周)를 건설했습니다. 호경은 종주(宗周)로 부르고, 종주, 성주의 두 수도 체제를 운영하다, 기원전 771년 서쪽으로부터 견융(犬戎)의 침입으로 12대 왕인 유왕(幽王)이 살해되고 수도 호경이 함락되면서 서주 왕조는 멸망하게 됩니다.

유왕은 후궁 포사(褒姒)를 총애하면서 폭정을 일삼았는데요. 유왕은 태자 의구(宜臼)를 폐위시키고 포사와의 사이에서 낳은 아들 백복(伯服)을 태자로 삼았습니다. 그래서 의구는 어머니의 나라인 신(申)나라로 도피하게 되지요. 격분한 신후(申侯)가 견융의 군대를 끌어들여 유왕을 공격했고 결국 서주 왕조가 멸망하게 된 것입니다. 견융이 1년 넘게 수도 호경에 진주하며 노략질을 일삼으면서 호경은 황폐해져 도시로서의 기능을 할 수가 없게 되었습니다. 기원전 770년, 여러 제후들이 태자 의구를 새로운 천자로 옹립하는데 그가 바로 주 평왕(周平王)입니다. 그리고 평왕이 수도를 호경으로부터 낙읍으로 옮김으로써 동주 시대가 열리게 됩니다. 역사에서는 이 사건을 일컬어 '평왕동천(平王東遷)'이라고 하지요. 진 양공(秦襄公)은 평왕의 동천을 도운 공로로 제후에 봉해져서 섬서성의 서부 일대를 차지하게 됩니다. 이후 진은 서융(西戎)의 여러 부족들과 치열하게 경쟁하면서 성장했습니다만, 그 과정에서 융족의 풍속과 문화를 많이 받아들이게 됩니다. 이는 후에 중원의 여타 제후국들로부터 진융(秦戎), 적진(狄秦)과 같은 호칭으로 불려지며 업신여김을 당하게 되는 주된 이유가 되었습니다.

평왕이 새로 천자의 자리에 오르면서 주 왕조는 명목상 계속 이어가게 되었습니다만, 그 내면을 보면 이전과는 많이 달라졌습니다.

천명을 받은 주 천자가 오랑캐에게 죽임을 당한 사건은 중원의 제후국들에게 큰 충격을 주었고, 이는 천자의 권위 실추와 주 왕조의 세력 약화로 이어지게 되었습니다. 또 평왕이 제후들의 도움을 받아 왕위에 올랐기에 이전보다 제후들의 영향력이 강해질 수밖에 없었지요. 이런 변화된 정치 환경 속에서 각국은 표면적으로는 '존왕양이(尊王攘夷 주왕을 받들고 오랑캐를 물리친다- 춘추 시대까지 왕의 호칭은 주나라만 쓸 수 있었음. 묘족의 '초'는 스스로를 '왕'으로 호칭)'를 내세우면서 중원 국제 정치의 주도권을 놓고 치열하게 경쟁하는 무한경쟁의 시대로 진입하게 됩니다. 바로 춘추 전국 시대로 진입하게 된 것이지요.

성주 낙읍은 서주 시기에도 수도의 기능을 일부 분담하고 있었으나, 본격적인 발전은 동주 시기에 들어서서입니다. 그리고 서안(西安)과 더불어 가장 많은 왕조의 수도로 낙점되어 영화를 누리게 됩니다.

진시황이 중국을 통일하며 진 왕조의 수도였던 함양(咸陽)은 한 왕조에서는 장안(長安)의 지명을 사용하면서 그대로 수도로 이어지게 됩니다. 한 고조 7년에 장안현에 미앙궁(未央宮)을 짓고 수도로 정하면서 전한 왕조의 수도가 되었는데요. 함양은 "팔백리진천(八百里秦川 진천(강 이름)이 팔백 리를 흐른다)"으로 일컬어지는 섬서성 중부의 비옥한 관중(關中) 평원에 위치해 있었기 때문에 일찍부터 농업이 발달했습니다. 이런 경제력을 바탕으로 해서 진은 국력을 키워 천하통일의 대업을 이룰 수 있었던 것이지요. 장안은 이후 위진남북조 시대의 전조(前趙), 전진(前秦), 후진(后秦), 서위(西魏), 북주(北周) 등을 거쳐 수, 당에 이르기까지 여러 왕조의 수도로 기능했습니다. 때문에 '장안'은 수도의 대명사처럼 여겨질 정도로 장기간의 번영을 구가하게 됩니다. 장안은 비단 수도의 기능뿐만 아니라 한대부터 실크로드의 출발점으로 자리매김하면서, 실크로드 국제무역의 중심지로 번창했습니다. 특히 국제화된 당 왕조에서 장안의 국제무역 기능은 더욱 두드러졌는데요. 당 왕조의 육상, 해상 실크로드를 통한 국제무역의 번성은 이후 송 왕조의 해상 실크로드 무역의 번성과 더불어 중국 역사상 보기 드문, 대단히 특이한 현상이라고 할 수 있습니다. 후대의 명, 청 왕조에서 조공무역만 허용되고 사무역이 극도로 위축되면서 폐쇄적, 보수적이었던 사회 분위기와 극명하게 대비되는 점이지요.

당 왕조의 멸망 후 오대십국의 혼란한 상황에서 오대 중 후량(後梁), 후진(後晉), 후한(後漢), 후주(後周)의 네 왕조는 하남성의 개봉(開封)을 수도로 삼았습니다. 후주의 뒤를 이은 송 역시 개봉을 수도로 삼았는데요. 개봉의 역사를 잠시 살펴보겠습니다. 춘추 시대 정(鄭)나라가 성을 쌓고 계봉(啓封)이라고 이름을 지음으로써 개봉의 역사가 시작됩니다. 이후 전국 시기 위 혜왕(魏惠王)은 도읍을 여기로 옮긴 후, 대량(大梁)으로 고쳐 불렀습니다. 한 경제(景帝) 때 황제의 이름 계(啓)와 같다고 하여 개봉(開封)으로 바꾸면서 이 이름이 계속 이어지게 됩니다. 북주에서는 량주(梁州-'대량'에서 유래, 성 하나가 아니라 주변에 딸린 지역까지 포함 행정구역)를 변주(汴州)로 고쳐 불렀고, 변량(汴梁), 변경(汴京)이라고도 하였습니다. 변(汴)은 현재 하남성 형양(滎陽)을 지나는 색하(索河)의 옛 이름 '변수'에서 유래했습니다. 송대에는 통제거(通済渠)를 변수라고 하였는데 지금의 형양에서 개봉까지의 구간이 옛 변수에 해당됩니다.

개봉이 번영하게 된 데에는 운하를 빼놓을 수가 없는데요. 수 왕조에서는 강남의 물자를 북방으로 원활하게 운송하기 위하여 여러 차례 운하를 건설했습니다. 양제(隋煬帝) 때 항주(杭州)에서부터 하남성의 정주(鄭州)까지 잇는 통제거(通済渠)가 완공됨으로써, 개봉은 조운(漕運)의 중심지가 되었습니다. 이 때문에 후대의 왕조들이 물자 운송에 편리한 개봉을 수도로 택한 것이지요. 아이러니하게도 수 왕조는 가혹한 대운하 공사의 노역에 반발한 백성들의 봉기로 말미암아 멸망했는데, 이후의 왕조에서는 이 대운하가 경제의 발전을 촉진하는 경제의 대동맥 역할을 수행합니다. 항주에서 북경까지 이어지는 대운하는 강남의 물자들이 베이징까지 원활하게 수송되도록 함으로써, 북경이 수도로 채택되는 데에 결정적인 역할을 하게 됩니다.

송 왕조에서는 육상 실크로드가 쇠퇴하고 해상실크로드를 통한 국제무역이 성행했는데요. 도자기와 실크 무역을 통해 개봉은 항주와 더불어 중세 세계의 가장 크고 번화한 도시로 번영을 누리게 됩니다. 그러나 탁 트인 황하 평원에 위치한 개봉은 방어 측면에서는 그다지 유리하지 않았습니다. 게다가 송 왕조는 문치주의를 택하여 중국 역사상 가장 국방력이 약했던 왕조였기 때문에 외적의 침입에 취약할 수밖에 없었습니다. 송은 세 겹의 성벽을 쌓아 이에 대비했지만, 결국 1127년 여진족이 세운 금의 공격을 받고 수도가 함락되고 말았습니다. 송의 휘종(徽宗)과 흠종(欽宗) 두 황제가 금의 포로로 사로잡히는 '정강(靖康)의 변'을 거치면서 북송은 멸망하게 되고, 흠종의 동생 조구(趙構)가 임안(臨安, 지금의 항주)으로 도망쳐 황제의 자리에 오르면서 송 왕조를 이어가게 됩니다. 남송은 이후 몽고족의 침략을 받아 1279년 멸망할 때까지 항주를 수도로 삼아서 152년간 지속됩니다.

송 왕조는 여러모로 중국 역사에서 독특한 왕조인데요. 태조 조광윤 스스로가 절도사 출신이면서 반란을 통해 황제의 자리에 올랐기 때문에 자신의 왕조에서도 그러한 일이 발생할까 두려워할 수밖에 없었지요. 그래서 군대는 모두 수도 근처에 주둔하게 하고 변방에는 명의상의 사령관만 파견하는 식의 극단적인 정책을 시행합니다. 이를 통해 황제가 병권을 모두 장악할 수는 있었지만, 정작 이민족의 침입에는 속수무책일 수밖에 없게 되었습니다. 요, 금은 말할 것도 없고 심지어 지금의 영하(寧夏) 자치구 일대에서 탕구트족이 건립한 서하(西夏) 왕조에까지 막대한 선물을 안겨 주고 침입을 무마해야 하였습니다. 남송 대에는 남송의 황제가 금의 황제에 대하여 신하를 칭하며 조공을 바치는 굴욕까지 감수해야 하였습니다. 또 여기에 소요되는 막대한 재물은 국제무역을 통하여 충당해야 하였기 때문에, 송대에 해상 실크로드를 통한 국제무역이 활발하게 진행되었던 것이지요.

장안(명 태조 때 봉원부(奉元府)로 불렀던 장안(長安)을 서안부(西安府)로 개명), 낙양과 개봉은 모두 황하 유역에 자리 잡은 도시들입니다. 송 왕조에 이르기까지 중국 왕조들의 수도는 모두 이 황하 유역의 황토평원을 벗어나지 않았음을 알 수 있습니다. 그러나 송 왕조 이후 왕조들의 수도는 이 황토 평원을 벗어나게 되면서, 정치, 경제의 중심 역시 대대적인 이동을 하게 됩니다.

북송을 멸망시킨 금은 4대 황제 때 북경으로 천도했고 이때부터 북경은 원, 명, 청 왕조에 이르기까지 계속 수도로 자리 잡게 됩니다. 북경은 달리 연경(燕京)이라고도 합니다. 춘추 전국 시대 연나라가 지금의 북경에 자리를 잡고 있었기 까닭에 연나라에서 유래하여 연경으로 부르기도 합니다.

'燕(제비 연)'자의 변화 과정을 한 번 살펴보도록 하지요.[3]

1	2	3	4	5	
상	상	설문소전	한	한	해서

연(燕)자의 변천 과정

'연'자의 초기 형태를 보면 '한 마리 제비가 날개를 편 모양'을

---

3 본문에서 밝히는 자체 변화도는 리쉐친 주편의 『자원(字源)』(天津古籍出版社, 2013)에서 인용했습니다.

하고 있다는 것을 알 수 있습니다. '연'자는 '제비'의 뜻과 더불어 '검은색'과 '북쪽'을 상징하기도 합니다. 연나라가 가장 북쪽에 분봉 받은 제후국이었던 데다가, 제비의 색이 검은색이기 때문에 자연스럽게 검은색을 의미했고 오행설에 따라 북쪽을 상징하게 된 것이지요.

명 왕조의 수도는 원래 남경이었습니다만 정치적 이유로 북경으로 수도가 바뀌게 되었습니다. 2대 황제인 건문제(建文帝)가 황제의 권력 강화를 위해 제후국을 줄이려 하자, 이에 반발한 연왕 주체(朱棣)가 '정난(靖難)의 변'을 일으켜서 수도 남경을 함락한 후 스스로 황제 자리에 오르게 됩니다. 그가 곧 제3대 황제인 영락제(永樂帝) 성조(成祖)입니다. 이후 영락제는 북경에 자금성을 건설하고 자신의 정치적 본거지였던 북경으로 수도를 옮기면서 오늘날 북경의 기초를 다지게 됩니다.

북경은 이전 수도였던 다른 도시들과는 달리 큰 강을 끼고 있지 않은 특징을 가지고 있습니다. 북경을 수도로 삼았던 금, 원, 청과 같은 왕조들은 유목 생활을 바탕으로 하는 문화였기 때문에 큰 강을 끼고 있지 않아도 크게 문제가 되지는 않았습니다. 심지어 청 왕조 초기에는 북경 근처의 농지를 없애고 초원으로 만들어 말을 키우려는 시도도 있었을 정도였습니다. 또 대운하를 통해 강남

한자와 중국고대사

의 풍부한 물자들을 공급받을 수 있다는 점과 북쪽에 험준한 연산 산맥이 펼쳐져 있어서 방어에 유리했던 점도 충분히 고려되었을 것으로 생각됩니다.

1911년 신해혁명을 통하여 청 왕조가 멸망하고 국민당의 중화 민국이 건국되었는데, 당시 북경은 강력한 북양군벌의 영향 아래 에 있었고 각지에 군벌이 난립하는 상황이었기에 중화민국의 수 도는 어쩔 수 없이 남경으로 결정되었습니다. 국민당 정부는 군 벌이 장악하고 있는 북경을 낮춰 부르려는 의도로 북경을 북평(北 平)으로 고쳐 부르도록 하였는데, 아직도 북평이라는 단어가 종 종 쓰이곤 합니다. 이후 1946년부터 1949년까지의 국공내전을 거 치면서 공산군이 최종 승리를 거두고, 1949년 10월 북경을 수도로 하는 중화인민공화국이 수립되어 지금까지 이어지고 있습니다.

과거에는 큰 강을 끼고 있지 않다는 점이 크게 문제가 되지 않 았지만, 현재는 수도 이전 이야기가 빈번하게 나올 정도로 북경의 물 부족 문제는 심각한 수준입니다. 지하수를 너무 많이 뽑아 쓰 는 바람에 지하수가 고갈되어 북경의 중심 지역 지하는 높이 30m 이상의 큰 공동이 생겨 지반이 조금씩 내려앉고 있을 정도입니다. 현재는 북경의 동북쪽에 밀운수고(密雲水庫)라는 인공 호수를 조 성해서 상수원으로 사용하고 있지만, 물 부족 문제는 북경이 안고 있는 결정적인 핸디캡이라고 할 수가 있겠습니다. 물 부족 문제를 해결하기 위해 2012년부터 장강의 물 10%를 물이 부족한 황하 유역으로 보내는 '남수북조(南水北調) 프로젝트'를 진행했습니다. 이를 통해서 화북지역의 심각한 물 부족 문제를 어느 정도 해결할 수는 있었지만, 이는 장강 유역의 급속한 생태계 변화와 더불어 장강의 얕은 호수 바닥을 드러나게 만들어 장강 유역에 모래사막이 생기게 할 정도의 심각한 환경부작용을 드러내고 있습니다. 이 문제는 중국이 시급하게 해결해야 할 중요한 문제로 대두되고 있는 상황입니다.

이상으로 하·상·주 시대부터 청 왕조에 이르기까지 중국인의 지리 관념과 각 왕조의 수도에 대하여 간략하게 살펴보았습니다.

제4장

삼황오제(三皇五帝)와
중국의 신화

4.1 중국 신화의 특징

4.1.1 반고(盤古), 삼황(三皇), 오제(五帝), 하우(夏禹)

모든 고대 문명에는 창세 신화가 전해져 내려옵니다. 세상의 창조에서부터 자신의 조상이 어떻게 신의 선택을 받고 국가를 건국하게 되었는지의 과정을 신비스럽게 포장하는 것은 고대 문명에서 지극히 자연스러운 현상입니다. 그러나 중국의 경우에는 좀 독특한 양상을 보이는데요. 중국의 신화는 반고(盤古), 삼황(三皇), 오제(五帝), 하우(夏禹)를 거쳐 하·상·주 왕조로 이어지는 계통을 가지고 있지만, 신화의 시기가 빠를수록 실제 문헌 기록에는 훨씬 더 후대에 등장한다는 특징이 있습니다. 다시 말하면, 기록에 나타나는 순서는 반고부터 시작하는 것이 아니라, 반대로 하우, 오제, 삼황, 반고의 순으로 창세 신화가 전해집니다. 이러한 사실은 중국의 신화 체계가 처음부터 완비되었던 것이 아니라 후대에 내용이 추가되면서 현재 체계를 갖추었음을 의미합니다.

또한, 다른 고대 문명 신화와 비교해 볼 때 중국 신화는 내용이 매우 빈약하고, 체계적이지 못하다는 특징을 보입니다. 일반적인 신화는 신계와 인간계가 구분되고, 창조주이자 초월적인 존재인 신이 세상의 모든 일에 직접 관여하고 실행하는 형식이 많습니다. 고대 이집트나 그리스 신화에서는 신계 최고 통치자인 신 밑에 또 다른 신들이 자리하는 계통을 가지면서 이들은 직간접적으로 인간계에 관여하지요. 그러나 중국의 신화는 신격화된 인간의 특징을 가진 성인(聖人)이 주가 되는 특징을 보입니다. 예를 들어, 중국 신화는 삼황오제로 대표되는 신격화된 여러 명의 인간이 주인공입니다. 이들은 모두 유한한 수명을 가진 인간이지만, 범인(凡人)의 범주를 벗어난 능력을 발휘하면서 대단한 업적을 쌓았기 때문에 신적인 능력을 가진 영웅으로 추앙받게 됩니다. 이러한 인간 중심, 현실 중시 문화는 중국 문명의 가장 큰 특징 중 하나입니다. 이는 현실 세계 문제 해결을 중시하는 유가 사상의 영향이 사회 구석구석까지 미쳤기 때문으로 추측할 수 있습니다. 즉, 초자연적인 현상이나 신기한 내용을 담고 있는 신화 전설이 지식인들 사이에서 공공연하게 거론될 수 없었기 때문이지요.

또 다른 중국 신화의 특징은 영혼과 사후 세계에 대한 탐구가 거의 보이지 않는다는 점입니다. 사후 세계에 대한 관심과 그에 대한 묘사는 어느 문화에서나 흔히 볼 수 있지만 중국에서는 관련 저술을 거의 찾을 수 없습니다. 『논어·선진(先進)』편에는 다음과 같은 문장이 나옵니다.

"자로가 귀신을 섬김에 대하여 묻자, 공자는 '산 사람을 잘 섬기지 못하면서 어찌 죽은 귀신을 섬기겠는가?'라고 하였다. 감히 죽음에 대하여 묻자 '삶을 모르는데 어찌 죽음을 알겠는가?'라고 하였다."

季路[1]問事鬼神, 子曰, 未能事人, 焉能事鬼? 敢問死, 曰, 未知生, 焉知死?

이처럼 유학자의 관심사는 현실 세계의 문제를 해결하는 데에 초점이 맞추어져 있었습니다. 그래서 비록 '혼(魂)'과 '백(魄)'을 구별하고, 조상신을 받드는 풍습이 중시되어 제례가 발달했지만, 정작 조상신이 사는 세계가 어떠한지, 더 나아가 영혼이 사는 세계는 어떠한 곳인지에 대해서는 알고자 하지 않았습니다. 이처럼 유가의 현실지향적인 학풍때문에 유가 사상을 공부하는 지식인들에게 있어서 영혼 세계에 대한 탐구는 쓸데없는 일로 치부되면서 관심을 두지 않았던 것입니다. 유가 사상의 부족한 점을 도가 사상에서 보충하지만 역시 충분하지는 않았습니다.

노장의 철학은 우주 운행 원리를 심오하게 설명했는데요, 인간의 오감으로는 결코 알 수 없는 우주 운행의 '도(道)'에 대해서 이

---

1   '季路(계로)'는 '자로'라고도 부릅니다.

야기했습니다. '무위자연(無爲自然)'이나 '호접몽(胡蝶夢)'과 같은 비유를 들어서 사물의 변화와 피아의 구별을 초월한 도에 대해 주로 이야기하며 역시 사후와 영혼의 세계에 대한 답은 하지 않았습니다.

그렇다면 잠시 '도'에 대해서 살펴볼까요? 갑골문에서 '도'는 사방, 다니는 길의 형상을 묘사했습니다. 『설문』착(辵)부에서는 "도는 다니는 길이다[道, 所行道也(도, 소행도야)]."라고 풀이했습니다. 이로 미루어 '道'의 본뜻은 '길'로 볼 수 있습니다. 또한 '道'는 '풀어서 말하다'라는 뜻으로도 사용됩니다. 이러한 예는 사마천(司馬遷)이 임안(任安)에게 보낸 회신 중, "이러한 것은 知者에게는 말할 수 있어도, 俗人에게는 말하기 어려운 것이다[然此可以知者道, 難爲俗人言也(연차가이지자도, 난위속인언야)]."에서 찾을 수 있습니다. 이 문장에서 '道'와 '言(말씀 언)'을 구별하여 사용했는데요, 어떤 이치를 풀어서 말하는 것은 '道', 사람들이 일반적으로 말하는 것은 '言'이라고 구분했습니다. 이러한 활용은 현대 중국어에서도 찾을 수 있습니다. 예컨대, '미안하다'는 '道歉', 또 '감사하다'는 '道謝'라고 하는데, 여기에서 '道'는 '말하다'라는 뜻의 동사로 쓰인 것으로, 바로 위 예에서 유래되었다고 볼 수 있습니다. 그러나 '길'의 뜻을 나타내는 '道'는 이미 선진 시기에 우리가 흔히 말하는 '도'의 의미로 쓰였습니다. 『중용』에서는 "하늘의 명을 일컬어 '性(성)'이라고 하고, 그 性을 따르는 것을 일컬어 '道'라고 하며, 도를 닦는 것을 일컬어 '敎(교)'라고 한다[天命之謂性, 率性之謂道, 修道之謂敎(천명지위성, 솔성지위성, 수도지위교)]."라고 하였는데요, 이를 통해 당시 유가와 도가에서 모두 '도'라는 표현을 사용하고 있었음을 알 수 있습니다. 또한 우주 만물의 본체를 일컬어서 '도'라고 하였습니다. 『역경·계사(繫辭)上』에서는 "한 번은 음으로, 한 번은 양으로 변하는(순환하는) 것을 일컬어 도라고 한다[一陰一陽之謂道(일음일양지위도)]."라는 구문이 나오는데 여기에서 '도'는 우주 변화의 원리를 설명하고 있습니다.

늙거나 죽지 않는 것은 모든 생명체가 가진 가장 원초적인 욕망이라고 할 수 있지요. 생로병사의 자연 법칙을 초월하는 존재가 되고 싶은 욕망, 또는 그렇지는 못하더라도 조금이라도 더 젊고, 오래 살고 싶다는 지극히 현실적인 욕망에 대해서 유가의 이론은 대답을 제시하지 않습니다. 도가에서 이 문제에 답하고 있지만 후대로 가면서 점차 종교적인 신비적 색채를 띠게 됩니다. 특히 불교가 전래된 이후에는 불교 설화의 여러 신들이 도가 사상에 흡수되면서 신비적 색채가 더욱 뚜렷해집니다. 그러면서 도가의 도사는 민중에게 자신들이 죽으면 살아있는 상태 그대로 신선이 된다는 우화등선(羽化登仙)과 양생(養生) 비법을 제시합니다. 우화등선에서 '우(羽)'는 날개를 뜻하지요. 즉, 날개가 생겨서 하늘로 올라가 신선이 된다는 뜻으로, 이러한 경지를 민중들에게 제시하면서 수많은 양생의 비술을 이야기합니다. 이와 같이 도가에서 제시하는 방법들은 현실을 좀 더 편안하게 살고자 하는 사람들의 욕망에 답을 주기는 하지만, 역시 현실 세계나 현실 세계가 아닌 신계나 저승 세계에 대해서는 유가와 마찬가지로 이야기하고 있지 않습니다. 이것은 바로 중국 문화의 가장 큰 특징이라고 할 수 있습니다.

사후 세계에 대한 의문은 불교가 전래된 이후에 비로소 해결됩니다. 불교 교리에 등장하는 천상 세계의 신들과 사후 세계에 대한 묘사를 통해서 유가이론에서 부족했던 부분들을 보충한 것입니다. 이로 인하여 상대 최고신이었던 '상제(上帝)'는 천상 세계의 한 부분을 차지하는 여러 신들 중의 하나로 그 지위가 격하됩니다.

4.2 오제(五帝) 신화의 성립

'오제(五帝)'는 중국 상고 시대에 뛰어난 업적을 남겨서 '제(帝)'의 칭호를 얻게 된 전설 속 다섯 인물을 말합니다. '帝'는 갑골문에서 우주 만물을 주제하는 천신이나 조상신으로 기록했습니다. 주(周)대에 이르러서는 군주를 일컫는 말로도 사용되었는데, 특히 고대에 뛰어난 업적을 남겼던 군왕에게 '帝'의 호칭을 부여해서 다른 일반 군왕과 구별 짓기도 합니다.

'帝'자가 원래 무엇을 나타내는지에 대해서는 의견이 분분합니다. 날아가는 새 모양을 본떴다거나 식물의 꼭지를 본떴다는 등 다양한 주장이 있으나, 일반적으로, '禘(제사드릴 체)'자의 초기 형태로 추측합니다. 즉, 상대 제례 중의 하나인 체제(禘祭, 천신(天神)에 대한 제사)를 나타냈다고 보는 것입니다. 그리고 후에 상(商)왕의 범칭으로 뜻이 변했을 것으로 추측합니다. 『설문』에서는 '帝'에 대해 "제는 '체'다. 천하에서 왕 노릇하는 것을 일컫는다[帝, 諦也. 王天下之號也]."라고 풀이했습니다. 즉, 처음에는 천신(天神)을 나타내다가 상대 후기로 오면서 상왕에게도 '帝'를 사용한 것으로 보입니다. 참고로 위 문장에서 '王(왕)'자는 동사로 해석하여 '왕 노릇하다'라는 의미로 볼 수 있습니다.

'帝'자의 변천 과정은 다음과 같습니다.

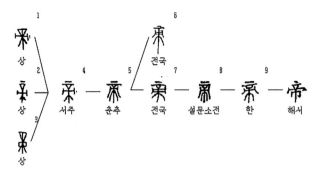

제(帝)자의 변천 과정

'帝'는 상대 갑골문부터 점차 변화했지만, 형태 변화는 크지 않습니다. 다만, 앞서 '帝'가 날아가는 새의 모양, 식물의 꼭지 등을 본뜬 것이라는 등 여러 추측을 하였는데, 글자의 모양만 보면 이러한 추측이 그럴듯하게 보입니다.

'五帝'에 대한 기록은 대략 네 가지로 구분됩니다. 즉, 오제에 누가 포함되는지에 대해서는 기록마다 조금씩 차이가 있는데, 다음과 같습니다.

오제	기록
황제(黃帝), 전욱(顓頊), 제곡(帝嚳), 당뇨(唐堯), 우순(虞舜)	『대대례기(大戴禮記)·오제덕(五帝德)』, 『사기·오제본기(五帝本紀)』

한자와 중국고대사

태호(太皞), 염제(炎帝), 황제, 소호(少皞), 전욱	『예기(禮記)·월령(月令)』
소호, 전욱, 고신(高辛), 당요(唐堯), 우순	『상서(尚書)·서(序)』
복희(伏羲), 신농, 황제, 당요, 우순	『역경(易經)·계사(繫辭)하』

『예기(禮記)·월령(月令)』을 제외한 다른 기록에서는 '五帝' 마지막에 堯(요), 舜(순)이 공통으로 포함됩니다. 또한 『사기·오제본기(五帝本紀)』에서는 오늘날 중국인의 조상으로 추앙받고 있는 황제를 첫 제왕으로 꼽아 다른 기록과 구별됩니다. 아래에서는 황제에 대해서 살펴보겠습니다.

4.2.1 황제(黃帝)·염제(炎帝)·치우(蚩尤)

황제(黃帝)의 성은 소전(少典), 자는 헌원(軒轅)이라고 전해집니다. 황제 시대에는 신농씨(神農氏)와 그 후손들의 힘이 매우 약해져서 제후 간의 전쟁이 끊이지 않았는데요, 황제는 조공 의무를 다하지 않는 제후들을 토벌하여 그들이 다시 귀하게 만들었다고 합니다. 여기에서 황제의 강력한 두 라이벌이 등장합니다. '오제

(五帝)'에는 포함되어 있지 않지만, 황제를 언급할 때 빠지지 않는 중요한 두 인물, 바로 염제(炎帝)와 치우(蚩尤)입니다.

『국어(國語)·진어(晉語)』편에는 "소전(少典)이 유설씨(有𤳯氏)의 여자를 아내로 맞아 황제와 염제를 낳았다[少典娶有𤳯氏女，生黃帝、炎帝(소전취유설씨녀, 생황제, 염제)]."라는 기록이 전해지는데요. 황제는 이후에 희수(姬水 현재의 섬서성 무공현), 염제는 강수(姜水 섬서성 기산(岐山)현)에서 자라 강 이름을 성씨로 정했다고 합니다. 고대에는 이처럼 산천이나 지명을 성씨로 삼는 것이 흔한 일이었습니다. 기록에서는 황제와 염제가 형제지간이라고 하였는데, 두 부족은 때로는 연합하기도 하고, 또 때로는 서로 반목하기도 하면서 점차 융합하는 과정을 거치게 됩니다.

황제와 염제는 판천(阪泉)의 들판에서 세 번의 전투를 벌였습니다. 판천의 위치에 대해서는 여러 설이 있는데요. 산서성 양곡현(陽曲縣) 동북이라는 설도 있고[2], 하북성 탁록현(涿鹿縣) 동남이라는 설도 전해집니다.[3] 사실 판천의 위치가 크게 중요할까 싶지만, 역사 연구 입장에서는 판천의 위치에 따라 하왕조 중심 지역의 위

2　『좌전』희공 25년, "遇黃帝戰于阪泉之兆."

3　『사기·오제본기』"以與炎帝戰于阪泉之野", 『괄지지(括地志)』"阪泉, 今明黃帝泉, 在媯州 怀戎县东五十六里 , 出五里至涿鹿 , 东北与涿水合。"

치가 달라지기 때문에 중요한 의의를 갖습니다. 또한, 기록을 보면 이 전쟁에서 곰이나 표범과 같은 많은 맹수를 동원했다고 하는데, 실제 전투에서 맹수를 이용했다기보다는 이러한 동물을 토템으로 하는 부족이라고 해석하는 것이 자연스럽겠지요. 황제와 염제 양측 모두 자신의 세력을 규합하고 모든 역량을 동원해서 전쟁을 치렀는데, 결국 황제 부족이 승리하여 주도권을 잡게 됩니다.

4.2.2 탁록지전(涿鹿之戰)

황제와 염제의 부족은 이후 점차 융합해가면서 중국 한족의 전신이라 할 수 있는 화하족(華夏族)의 토대를 형성하게 됩니다. 그러나 동방 구려(九黎) 부족의 수령 치우(蚩尤)만은 굴복하지 않았습니다. 그래서 황제와 염제가 연합하여 하북성 탁록에서 전투를 벌이게 되는데, 최종적으로는 황제와 염제의 연합 부대가 승리합니다. 이 전투가 바로 중국 역사상 최초의 대규모 전쟁으로 유명한 '탁록의 전투'(또는 탁록지전(涿鹿之戰))'입니다.

치우는 후대로 갈수록 신비스럽게 묘사됩니다. 짐승의 몸에 머리는 구리, 이마는 쇠로 되어 있다고 전해지며, 병기를 잘 다루었기 때문에 '병기의 신'으로 묘사되기도 합니다. 그는 형제가 81명이나 되었다는 기록이 있는데, 이는 치우와 연합한 부족을 묘사한 것으로 해석할 수 있습니다.

황제, 염제, 치우는 오늘날 중국 민족의 뿌리를 이루는 3대 집단으로 해석됩니다. 그중 황제와 염제는 같은 뿌리를 가진 집단으로, 주대에 이르러서도 황제의 희(姬) 성씨와 염제의 강(姜) 성씨는 혼인을 통해서 밀접한 관계를 맺습니다. 반면, 동방의 치우 세력은 황제 집단과는 이질적인 계통입니다. 황제는 치우 세력을 격파하여 중원을 안정시킨 후에도 지속적으로 외적의 침입을 막아내고, 천하를 다스리느라 편안할 사이가 없었는데요. 그 치세에도 정치가 잘 이루어지고 토덕(土德)의 상서로운 징조가 있었기에 '황제(黃帝)'로 칭했다고 합니다. 앞서 언급한 바와 같이 '토덕(土德)'에서 '토(土)'는 중국 사람에게 중원 황토 고원의 흙을 연상시켜, 황색이 대표 상징색이지요. 그래서 이 토덕의 상징색인 '황'자를 써서 황제(黃帝)라고 한 것이 오늘날까지 계속 이어진 것입니다. 황제는 25명의 자식을 두었는데, 그중에 14명이 성을 얻었다고 합니다. '성을 얻었다'라는 것은 자손이 계속해서 이어지며 번창했다는 의미입니다.

한자와 중국고대사

4.2.3 요(堯)·순(舜)·우(禹)

황제의 손자는 전욱(顓頊), 전욱의 아들은 제곡(帝嚳), 제곡의 아들은 방훈(放勳)인데요, 방훈이 바로 요(堯)임금입니다. 즉, 이처럼 황제의 자손으로 이어집니다. 『사기·오제본기(五帝本紀)』에 의하면, "제곡은 진봉씨의 여성을 아내로 맞아 방훈을 낳았고, 추자씨(娵訾氏)로부터 지(摯)를 낳았다[帝嚳娶陳鋒氏女, 生放勳. 取娵訾氏女, 生摯(제곡취진봉씨녀, 생방훈, 취추자씨녀, 생지)]."라고 하는데요, 제곡이 죽은 후에 원래는 아들 지(摯)가 그 뒤를 이었으나 무능하여 곧 쫓겨나고 방훈, 즉 요임금이 뒤를 이었다고 합니다. 요는 노년에 이르러서 자신의 아들 단주(丹朱)에게 제위를 물려주지 않고, 사악(四岳, 사방의 부족 수령들로 추정)의 천거(薦擧)로 전욱의 6세손인 순(舜)을 발탁합니다.

순은 어릴 때부터 계모, 이복동생 상(象), 계모에게 회합된 아버지에게 갖은 학대를 받으며 자랐음에도 불구하고, 극진한 효성으로 부모를 받들어 모든 이의 찬사를 받았습니다. 특히, 아버지가 이복동생과 공모하여 여러 차례 순을 죽이려고 하였습니다. 어느날, 아버지가 순에게 곡식 창고 지붕 수리를 시켰습니다. 순이 지붕 위로 올라가자, 아버지는 이 틈을 타, 창고에 불을 질러 순을 죽이려고 하였습니다. 이때, 순은 삿갓을 낙하산처럼 이용해서 지붕에서 안전하게 내려왔습니다. 또 한 번은 아버지가 순에게 우물을 파도록 시켰습니다. 순이 구덩이를 파서 땅속으로 들어가자 그들은 흙으로 구덩이를 메워 순을 죽이려고 하였습니다. 그러나 순은 미리 옆에 파두었던 다른 구멍으로 무사히 빠져나왔습니다. 이처럼 순은 죽을 고비를 여러 번 넘겼지만 한결같이 효를 다했다는 이야기는 매우 유명합니다.

순은 30세 때 요에게 발탁되었습니다. 그러나 요는 순에게 바로 자신의 뒤를 잇게 하지 않고, 먼저 자신의 두 딸을 순에게 시집보냈습니다. 그리고 아들 9명으로 하여금 순의 사람됨을 살펴보게 하였습니다. 행동에 전혀 변함이 없자, 그제서야 비로소 순에게 정무를 보게 하는 신중함을 보였습니다. 요가 제위에 오른 지 70년이 지나서 순을 얻게 되었고, 20년 동안 순의 됨됨이를 살펴보았다고 전해집니다. 그리고 요는 순에게 제위를 물려준 후 8년 만에 사망했다고 하는데요, 이 햇수만 따져도 98년입니다. 요가 몇 살에 제위에 올랐는지 정확한 기록은 없지만, 100세는 거뜬히 넘겨 살았을 것으로 추측할 수 있습니다.

한편, 요는 아들 단주가 군주의 자질이 부족함을 알고 순에게 제위를 넘겨줄 때 다음과 같이 말했습니다.

"순이 자리를 잇는다면 천하에게 이롭지만 단주에게 손해가 가고, 단주가 잇는다면 천하는 손해를 보지만 단주는 이득을 볼 것입니다."

授舜, 則天下得其利而丹朱病, 授丹朱, 則天下病而丹朱得其利. 『史記·五帝本紀』

(수순, 즉천하득기리이단주병, 수단주, 즉천하병이단주득기리.)

요가 순에게 제위를 넘기면서 중국 역사상 처음으로 선양(禪讓)의 기록이 등장합니다. 선양의 '선(禪)'은 봉선(封禪)의 의미입니다. '봉(封)'은 하늘에 제사를 지내는 것이고, '선'은 땅에 제사를 지내는 것입니다. 즉, '선'은 조상들 앞에서 자신의 후계자를 적극 추천한다는 의미를 갖으며, '양(讓)'은 제위를 양보한다는 뜻입니다.

순은 요의 3년상을 치른 후에 요의 아들 단주에게 제위를 양보합니다. 그러나 모든 사람이 단주를 군왕으로 인정하지 않고 순을 따랐습니다. 이에 순은 하늘의 뜻으로 여기고 다시 제위에 복귀합니다.

순은 20세에 효로 이름을 떨치고, 30세에 요임금에게 등용되고, 50세에 천자의 자리에 올라서 39년 동안 천하를 다스렸습니다. 특히 신하들을 적재적소에 임명하여 천하를 태평하게 하였는데요. 구체적으로는 우(禹), 기(棄), 고요(皐陶), 설(契), 후직(后稷), 백이(伯夷), 기(夔), 용(龍), 수(倕), 익(益), 팽조(彭祖) 등이 순을 보좌했는데, 수는 제위에 오른 후 이들을 각각 다음과 같은 관직에 임명했습니다.

인물	관직	역할
기(棄)	후직(后稷)에 임명	농사관장
설(契)	사도(司徒)에 임명	백성교화
고요(皐陶)	사(士)에 임명	법집행관장
수(倕)	공공(共工)에 임명	토목건축담당
익(益)	초목과조수(鳥獸)관리	주호(朱虎), 웅비(熊羆)가 보좌
기(夔)	전악(典樂)에 임명	음악관장
용(龍)	납언(納言)에 임명	왕명출납담당

이는 대표적 인물이며 총 22명에게 관직을 주어 정사를 돌보도록 하였습니다. 그중 우의 공적이 가장 컸는데, 다음과 같은 기록이 전해집니다.

"(禹는) 아홉 개의 산을 개간하고 아홉 개 호수를 통하게

한자와 중국고대사

하고 아홉 개의 강의 물길을 열었으며 구주를 안정시켰다."

披九山, 通九澤, 決九河, 定九州.

(피구산, 통구택, 결구하, 정구주.)

순은 제위에 올랐으나 아들 상균(商均)이 군주로서 자질이 부족함을 깨닫고, 요와 마찬가지로 제위를 아들에게 주지 않습니다. 많은 공적을 세운 우를 자신의 후계자로 삼고 제위 17년 만에 세상을 떠났습니다.

『사기·오제본기』에 의하면 황제로부터 요순에 이르기까지 모두 성은 같으나, 황제는 유웅(有熊), 전욱은 고양(高揚), 제곡은 고신(高辛), 요는 도당(陶唐), 우는 유우(有虞)로 각각 나라 이름은 달랐다고 전해집니다. 특히, 순의 신하 중 설(契)은 성이 자(子)씨로 상(商)의 시조가 됩니다. 후직에 임명되었던 기(棄)는 성은 희(姬)씨로 주(周)의 시조가 됩니다. 그리고 황제로부터 하·상·주 3대를 거치면서 한 왕조까지 이어지는 역사를 체계적으로 설명했습니다. 사마천은 이 책 말미에 『대대례기(大戴禮記)』의 '재여문오제덕(宰予问五帝德)'편과 『세본(世本)』의 '제계(帝系)'편을 바탕으로 『상서(尚書)』의 누락된 부분을 보충했다고 기록했는데, 일종의 에필로그 식으로 자신의 소회를 밝혔습니다. 이를 통해 사마천 시기에 이미 오제에 관한 기록들이 많이 상실되었고, 여러 서적에 분산되었음을 알 수 있습니다. 또한, 중요한 점은 『사기』에서 언급한 오제에 관한 내용이 과연 역사적 사실인지, 아니면 신화인지 논하는 것보다는, 이미 한나라 때 중국인들이 오제로부터 한 왕조까지 이어진다는 인식을 하고 있었다는 점을 보여준다는 것입니다.

이상으로 『사기·오제본기』에 기록된 오제에 대해 간략하게 살펴보았습니다. 기록에서 좀 기이하다고 생각되는 부분도 있지만 서구 신화처럼 신과 같은 능력을 가졌거나 신과 직접 연결되는 내용은 보이지 않습니다. 『사기·오제본기』에는 전욱 시기의 영토에 대해 "북으로는 유주(幽州, 현재 베이징 일대), 남으로는 교지(交阯 베트남 북부), 서로는 유사(流沙 사막), 동으로는 부상(扶桑 해가 뜨는 동쪽 바다에 있다는 상상 속의 섬, 또는 그 섬의 복숭아 나무인 반목으로 봄)에 이르렀다[北至於幽陵, 南至於交阯, 西至於流沙, 東至於蟠木(북지어유릉, 남지어교지, 서지어유사, 동지어반목)]."고 기록되었습니다.[4] 중국

---

4   여기에서 '교지(交阯)'의 '阯'를 足(발 족) 부수로 구성된 '趾'자를 사용하기도 하는데요, 선진 시대 기록에서도 '교지'라는 명칭을 찾을 수 있습니다. 『예기(禮記)·왕제(王制)』에서는 "남방은 만이라고 부르는데, 얼굴에 문신을 새기고 발을 서로 마주보게 한다[南方曰蠻, 雕題交趾]."라는 기록이 전해지는데, 여기에서 '交趾'는 발을 서로 마주함을 뜻합니다. 참고로 이 문장에서 '雕題(조제)'는 얼굴에 문신을 새기는 것을 뜻합니다. 동남아시아와 폴리네시아 문화에서는 지금도 문신을 새기는 풍습을 흔히 볼 수 있지요. 또한 '교지'의 뜻에 대해서 『후한

한자와 중국고대사

학자들 중 일부는 이 기록을 근거로 이른 시기부터 중국인의 지리 관념에 교지까지 포함되어 있었다고 주장합니다. 그러나 이 기록이 과연 선진 시대 내용을 그대로 반영한 것인지에 대해서는 생각해 볼 필요가 있는데요. 실제로 중국의 영토가 교지, 즉 베트남 북부까지 도달한 시기는 한무제 정복 이후부터입니다. 이는 진시황 때도 이루지 못했던 영역으로, 황하 중하류 유역에 불과했던 전욱 시기에는 결코 도달할 수 없었던 영역입니다. 즉, 이 기록은 후대에 누군가가 오제 중 하나인 전욱의 이름을 빌려 추가한 것으로 추정할 수 있습니다.

중국 고대사, 특히 한대 이전 역사를 연구함에 있어서 가장 큰 난점은 문헌 사료가 절대 부족하다는 점입니다. 이의 가장 큰 이유는 바로 진시황의 '분서갱유(焚書坑儒)'입니다. 진시황은 법가 서적을 제외하고 모든 책을 국가에 회수시켜 불태워버렸기 때문에 대부분의 서적이 없어져 버렸고, 심지어 유가의 교과서였던 『오경(五經)』마저도 거의 남아 있지 않았기 때문에 이를 복원하는 데에 많은 어려움을 겪었습니다. 일부 학자들은 서적을 숨겨 두었

서·남만서남이열전(南蠻西南夷列傳)』에서는 '남녀가 함께 물 속에서 씻는다고 하여 교지라고 한다'는 기록이 전해지는데요, 이처럼 전혀 다른 뜻으로 쓰인 기록도 있습니다.

다가 후에 다시 조정에 바치는 경우도 있었지만, 대부분은 일부 학자들의 기억에 의존하여 다시 썼기 때문에 내용이 조금씩 다른 경우도 많습니다. 심지어는 아예 없어졌다가 후대 학자들의 노력에 의해서 다시 복원된 경우도 있는데, 『묵자(墨子)』가 바로 그 예입니다. 또 다른 이유는 일찍부터 유명인의 이름을 빌려서 쓴 위작(僞作) 또는 위서(僞書) 등이 유행하면서 내용이 뒤섞이는 경우가 많았기 때문에 후대로 갈수록 그 진위를 판별하기가 어려운 경우가 많습니다. 이러한 점은 오늘날 우리가 사료의 진위 여부를 놓고 논쟁을 벌이게 되는 주된 원인이 되고 있습니다. 그래서『사기·오제본기』내용에서도 일찍이 서주 시대나 그 이전에 성립된 내용들이 분명히 있겠지만 일부 내용에서는 그 이후 전국 시대에나 심지어 한나라 때의 사실들도 들어가 있기 때문에 과연 어디까지를 사실로 보아야 하는지에 대해 고심하지 않을 수가 없습니다.

4.3 삼황(三皇) 신화의 성립

삼황(三皇) 신화에 대해서 살펴보기에 앞서, 우선 '皇(임금 황)'에 대해서 살펴볼까요? '皇' 자의 변천 과정은 다음과 같습니다.

황(皇)자의 변천 과정

　전체적으로 '皇'자는 '土(흙 토)'자 위에 태양을 상징하는 '日(날 일)'자가 결합된 형태입니다. 즉, 태양이 대지를 비추어서 광명을 준다는 뜻으로 태양은 제왕을 상징합니다.

삼황	기록
복희(伏羲), 신농(神農), 황제(黃帝)	『주례(周禮)·춘관(春官)·외사(外史)』 "外史掌三皇五帝之書"
복희, 신농, 여와(女媧)	『여씨춘추(呂氏春秋)·용중(用衆)』 "此三皇五帝之所以大立功名也." 고유(高誘)注: "三皇, 伏羲, 神農, 女媧也."
복희, 신농, 수인(燧人)	『백호통(白虎通)·호(號)』 "三皇者, 何謂也? 謂伏羲, 神農, 燧人也."
복희, 신농, 축융(祝融)	『백호통(白虎通)·호(號)』 "『禮』曰, 伏羲, 神農, 祝融, 三皇也."

천황(天皇), 지황(地皇), 인황(人皇)	『예문유취(藝文類聚)』 "天皇, 地皇, 人皇, 兄弟九人, …"
천황, 지황, 태황(泰皇)	『사기·진시황본기』 "古有天皇, 有地皇, 有泰皇. 泰皇最貴."

　삼황에 대해서는 여러 설이 대두되는데요, 삼황은 글자에서도 알 수 있듯이 '세 명의 인물'을 뜻하지만, 기록에서 삼황으로 거론되는 인물들만 10여 명에 달합니다. 이는 대략 6가지로 분류할 수 있는데, 다음과 같습니다.

　기록을 살펴보면 대부분 복희씨와 신농씨가 공통으로 들어있고, 남은 한 자리를 황제, 수인, 축융, 여와 등의 인물이 차지하고 있습니다. 독특한 점은 『예문유취(藝文類聚)』와 『사기·진시황본기』에서는 복희씨, 신농씨 등과 같은 구체적인 인물은 전혀 등장하지 않고 천, 지, 인 삼재(三才)를 상징하는 천황, 지황, 인황이 등장합니다. 이는 유가 사상의 영향을 받았기 때문으로 추정됩니다. 『사기·진시황본기』에서는 인황을 태황(泰皇)으로 기록하고 있는데, 『사기색은(史記索隱)』에서는 이에 대하여 "천황, 지황의 다음에 태황이라 하였으니 태황은 마땅히 인황을 말한다[天皇, 地皇之下即云泰皇, 當人皇也(천황, 지황지하즉운태황, 당인황야)]."라고 하여

　　　　　　　　　　　　　　　한자와 중국고대사

태황과 인황을 동일 인물로 봅니다.

후대로 갈수록 삼황에 대한 이야기가 증가되며 복희는 수렵, 신농은 농사, 수인은 불을 사용하는 법을 전했다고 합니다. 이는 현대 신화학에서 인류의 문명이 불의 사용과 수렵, 농업으로 발전해 온 오랜 과정을 함축하여 표현된 것으로 해석할 수 있습니다.

한편, 중국 신화에서 유일하게 여성으로 등장하는 여와(女媧)는 대단히 이질적인 존재로 독특한 지위를 차지합니다. 중국 신화에서 창조신과 같은 존재는 등장하지 않는데, 창조신의 지위를 바로 여와가 차지했습니다. 『초사(楚辭)·천문(天門)』에는 여와에 대해 "(굴원(屈原)이 하늘에 묻기를)여와는 사람의 얼굴에 뱀의 몸을 가지고 있다는데 누가 그렇게 만들었을까[女媧有體, 孰制匠之(여와유체, 숙제장지)]."와 같은 기록이 전해집니다. 잠시 복희와 여와의 그림을 살펴보겠습니다.

한대 복희여와도(투루판 출토)[5]   산동 무량사 화상석[6]

　먼저, 왼쪽 그림에서 등장하는 두 인물 중, 오른쪽이 복희, 왼쪽
이 여와입니다. 그림 아랫부분을 보면 굴원이 말한 대로 하체가
뱀의 형상입니다. 이는 남방 신화의 영향을 받은 것으로 보입니
다. 그림 윗부분에서 복희가 들고 있는 것은 '곡(曲)'입니다. 우리
가 흔히 자를 '곡척(曲尺)'이라고 하는데, 곡은 그림과 같이 직각으
로 굽은 형태의 자를 가리키고, 척은 일자 형태의 긴 자를 말합니

5　https://ko.wikipedia.org/wiki/%EC%A4%91%EA%B5%AD_%EC%8B%A0%ED%99%94

6　https://ko.wikipedia.org/wiki/%EB%B3%B5%ED%9D%AC

한자와 중국고대사

다. 여와가 들고 있는 것은 '척(尺)', 즉 '자'라는 설도 있으나, 그림을 자세히 보면 손 밑으로 동그랗게 연결된 부분이 있습니다. 이로 미루어 오늘날 원을 그리는 기구인 컴퍼스를 뜻하는 규(規)를 들고 있는 것으로 해석하기도 하는데, 규를 들고 있다고 보는 것이 더 타당합니다. 이집트나 메소포타미아 문명에서도 이와 같은 형태의 그림을 발견할 수 있는데, 고대 문명에서 자와 규는 가장 진보된 도구로 문명을 상징하기 때문입니다. 오른쪽 그림은 산동 무량사에 있는 화상석의 탁본입니다. 전체적인 도상은 왼쪽 그림과 유사하며 이 그림에서도 곡을 들고 있습니다.

『초사』는 장강 일대에서 유행했던 민요를 한대 유향(劉向)이 편집하여 현재까지 전해집니다. 여와 신화는 황하 유역을 배경으로 성립된 것으로, 앞서 살펴보았던 삼황오제 신화와는 전혀 계통이 다른 남방 신화 요소가 내포되어 있습니다. 복희와 여와가 남매였다거나, 또는 부부였다는 이야기는 당대에 이르러서야 문헌에 등장합니다. 중국 소수민족 중 하나인 요족(瑤族) 신화에서는 대홍수를 피해서 조롱박 속에 들어간 복희와 여와 남매가 홍수가 끝난 뒤에 다시 세상에 나와서 부부의 연을 맺었다고 전해지지요. 그리고 여와가 낳은 살덩이를 잘게 썰어 말리자 7일이 지난 후에 유채 씨앗으로 변했는데, 이를 사방에 뿌리자 평지에 떨어진 씨앗은 한족이 되고, 산에 떨어진 씨앗은 요족이 되었다고 합니다.

이와 같이 대홍수를 겪고, 홍수를 피한 인간이 그 뒤에 인류의 시조가 되었다는 신화는 전 세계 고대 문명에서 광범위하게 발견됩니다. 외래 문화의 영향을 받아 남방에서 형성된 여와 신화가 중국의 범위가 넓어지면서 자연스럽게 중국 신화에 흡수된 것으로 보입니다.

중국 신화 특징 중 하나는 창세 신화가 없다는 점입니다. 진한 이후로 중국의 강역이 장강 이남을 지나 베트남 북부까지 확대되면서 다량의 남방 신화가 중국 신화로 들어와 한족 신화에서 부족했던 부분을 채우게 됩니다. 그래서 신화 내용으로는 창세 신화가 가장 앞서지만 실제 문헌에 등장하는 것은 훨씬 후대의 일이었습니다. 반고 신화는 동한 말 서정(徐整)이 지은 『삼오력기(三五歷紀)』에 처음 등장합니다. 내용을 간단히 살펴보겠습니다.

천지가 혼돈스러워 마치 계란과 같았을 때 반고가 그 안에서 생겨났다.

天地渾沌如雞子, 盤古生在其中(천지혼돈여계자, 반고생재기중).

일만팔천 년이 지나고 천지가 열려 밝고 맑은 기운은 하늘이 되고, 어둡고 탁한 기운은 땅이 되었다.

一萬八千歲, 天地開闢, 陽淸爲天, 陰濁爲地(일만팔천세, 천지
개벽, 양청위천, 음탁위지).

반고는 그 가운데서 하루에 아홉 번 변했는데, 하늘보다
신령했고 땅보다 성스러웠다.

盤古在其中, 一日九變, 神於天, 聖於地(반고재기중, 일일구변,
신어천, 성어지).

하늘은 하루에 한 장씩 높아지고 땅은 하루에 한 장씩 두
터워졌으며 반고는 하루에 한 장씩 자랐다.

天日高一丈, 地日厚一丈, 盤古日長一丈(천일고일장, 지일후
일장, 반고일진일장).

이와 같이 일만 팔천 년이 지나가 하늘은 지극히 높아졌
고, 땅은 지극히 깊어졌으며, 반고도 지극히 높이 자랐다.

如此萬八千歲, 天數極高. 地數極深, 盤古極長(여차만팔천세,
천수극고, 지수극심, 반고극장).

명대 삼재도회에 그려진 반고의 모습[7]

후대의 기록에는 반고가 죽은 후 왼쪽 눈은 해, 오른쪽 눈은 달이 되었다고 전해지는데, 신체 모든 부분이 우주와 자연의 구성 요소로 변했다고 기록했습니다. 이처럼 거인으로부터 천지가 창조되는 구도는 그리스나 북유럽의 거인족 신화, 인도의 거인 푸루샤 신화와 매우 유사합니다.

춘추 전국 시대까지도 초나라 문화는 중원과 대단히 이질적인 면을 가지고 있었고, 초의 남쪽인 묘족이나 월족의 땅은 중국인에게 전혀 다른 세계였습니다. 진시황 통일 이후에 장강 유역 남쪽 지역까지 중국의 범주 안에 들어가게 되면서 비로소 남방 문화가

---

7   https://en.wikipedia.org/wiki/Pangu

한자와 중국고대사

중원 문화와 자연스럽게 융합되는 과정을 거치게 됩니다. 이러한 과정에서 여와, 반고 신화와 같은 남방 신화가 대량으로 중국 신화에 흡수돼서 오늘날까지 이어지는 것입니다.

이상으로 반고와 천지 창조로부터 삼황오제로 이어지는 중국 신화에 대해서 간략하게 살펴보았습니다. 오늘날 중국 문화의 뿌리를 들여다보면 다원화된 기원을 가지고 있고, 민족 형성과 마찬가지로 신화 역시 중원 황토 평원 지대를 한 화하족의 신화에 끊임없이 주변의 신화가 더해지고, 부족한 면을 채우면서 지금의 신화 구조를 가지게 되었습니다.

제5장

갑골문(甲骨文),
금문(金文)에 보이는
방국(方國)과
주변 민족 명칭

5.1 상(商) 왕조의 북방기원설

은허(殷墟)의 발굴로 상(商) 왕조의 실재가 증명되었지만 상이 어느 문화 계통에 속하는가에 대해서는 아직도 많은 연구가 이루어지고 있습니다. 초기에는 황하 유역을 중심으로 발원한 문명으로 여겨 동방의 용산문화(龍山文化)와 연관시키는 데에 주력했습니다. 그러나 본격적으로 연구가 진척되면서 중국 내에서는 점차 상족이 중국의 동북지역에서 기원하여 이후에 남하했다는 설이 더 힘을 얻게 됩니다.

왕국유(王國維)는 금문 연구를 통해서 상 왕조가 연(燕)나라 영역에서 활동했을 것으로 추정했습니다. 이는 당시 중국학계에서 쉽게 받아들일 수 없는 과감한 주장이었습니다. 그러나 1930년대 일제가 만주국을 세워서 중국으로부터 만주 지역을 분리시키고 대륙 침략을 가속화하자, 중국학계 분위기도 점차 변하게 되었습니다. 중국학계에서는 만주 지역의 역사를 은상사(殷商史)와 연결시켜서 해석하려는 연구가 강화되었습니다. 즉, 만주 지역이 단순히 여진족, 만주족의 역사에만 한정되는 것이 아니라, 훨씬 더 이전인 상 왕조 때부터 중국 역사와 연결되어 중국사의 뿌리를 형성한 것으로 해석함으로써 만주를 중국 역사에서 떼어내고자 하였던 일제의 역사 논리에 반박한 것입니다.

푸스녠(傅斯年)은 『동북사강(東北史綱)』(1932)에서 문헌과 신화 고증을 통해 발해만 일대를 상 왕조의 발상지로 제시함으로써 상족의 북방기원설을 주장했습니다. 상 왕조의 북방 기원설은 이후 고고학적 연구 성과를 바탕으로 중국 학계의 주류 학설로 인정받게 됩니다. 특히 연산산맥 일대를 중심으로 상당히 이른 시기의 신석기 문화와 청동기 문화가 발견되는데, 이는 황하를 중심으로 문명이 발전하여 사방으로 전파된 것이라는 기존의 학설에 일대 수정을 하는 계기가 됩니다. 문헌 기록만이 아닌 실물 증거가 존재함으로써 중화문명의 황하 유역 기원설은 뿌리부터 흔들리게 되었고, 상 왕조의 동방기원설 역시 점차 폐기되었습니다.

1935년 현재의 내몽고자치구 적봉(赤峰)시 일대에서 홍산(紅山) 문화가 발견된 데 이어서 하가점하층문화(夏家店下層文化)와 하가점상층문화(夏家店上層文化)를 발굴하게 됩니다. 황량한 변방으로만 여겨졌던 이 지역에 중원 문명 못지않은 발달된 문화가 존재했다는 사실이 밝혀진 것입니다. 신석기 시대에 해당하는 홍산문화 유적에서는 동아시아에서도 여신 숭배 사상이 존재했다는 것을 알려주는 여신상의 머리가 출토되었습니다. 또한 거대한 제단과 취락지가 발굴되어 거의 국가 전(前)단계에 이르는 매우 높은 수준의 문화가 존재했다는 사실이 밝혀져 학계에 큰 충격을 주기도 하였습니다. 특히 1963년 내몽고 적봉시 지주산(蜘蛛山)에서 홍산문화부터 하가점하층문화, 하가점상층문화를 거쳐서 한대까지 이어지는 퇴적층을 발굴하게 되는데요, 이를 통해 이러한 문화가 일회성에 그친 것이 아니라, 이 지역에 사람들이 지속적으로 거주하면서 번성했다는 것을 입증하게 됩니다.

하가점하층문화는 농경을 바탕으로 한 문화인 데에 반해서, 하가점상층문화는 북방 청동기 문화에 속하기 때문에 두 문화의 교체 시기에 과연 어떠한 일들이 발생했는가에 대해서는 현재까지 열띤 논쟁이 지속되고 있습니다. 현재 중국학계에서는 이러한 고고학적 성과를 바탕으로 상 왕조의 핵심 세력이 내몽고, 또는 요서지역으로부터 발해만 일대를 거쳐서 황하 유역으로 남하했다는 상족의 북방 기원설이 정설로 여겨지고 있습니다.

5.2 은상(殷商)시기 주요 방국(方國)과 주변 민족

상대 갑골문은 현재까지 약 30만 편 이상이 발굴되었습니다. 그중에 현재 우리가 사용하는 한자의 원형으로 인정되는 글자는 채 2,000자를 넘기지 못합니다. 대부분이 은허를 중심으로 한 상대 후기의 것들인데요, 글자의 상당수는 아직도 해독을 못하고 있으며, 해석이 분분한 경우도 많은 것이 현실입니다.

리쉐친(李學勤) 교수의 연구에 따르면 현재까지 갑골문 연구를 통해서 인명, 방국명, 족명 그리고 지명 등으로 추측되는 글자는 대략 1,100여 자가 넘는데, 갑골문에서는 '氏(씨)'자가 보이지 않고 '族(족)'자만 출현한다고 합니다. '氏'자의 출현은 비교적 늦어서 주대에 와서야 본격적으로 유행하기 시작했다고 보고 있습니다.

갑골문에서 '方(방)'자는 방위, 자연신을 나타내고 있을 뿐만 아니라 씨족이나 방국의 의미도 나타냅니다. 갑골문 기록을 보면 상 왕조의 왕기(왕이 직접 다스리는 지역) 안팎으로는 수많은 제후국과 방국들이 분포되어 있었음을 알 수 있는데요, 즉 '方'자는 상족, 상 나라와 다른 부족 또는 국가를 의미하며 주(周)대의 '邦(방)'자에 해당되는 것입니다.

상의 수도 부근에는 귀족들이 분봉되었거나 상에 복속된 작은 제후국들이 존재했지만 비교적 거리가 먼 지역에는 상 왕조와 적대적인 방국들이 다수 존재하고 있었습니다. 이러한 적대적인 방국들은 상 왕조로부터 거리가 멀어질수록 더 많이 존재하는 경향을 보입니다. 상 왕조는 방국들과 끊임없이 전쟁을 치렀기 때문에 갑골문과 금문에도 이러한 기록이 자주 등장합니다.

아래에서는 상대 후기 상왕조 주변에는 어떠한 방국들이 있었는지, 또 상왕조와 어떠한 관계를 맺고 있었는지 살펴보겠습니다.

5.2.1 귀방(鬼方)

일반적으로 상 왕조의 가장 적대적인 세력으로 언급되는 것이 바로 귀방입니다. 『역경·기제(旣濟)』에서는 "고종이 귀방을 정벌했는데 삼 년만에 격파했다[高宗伐鬼方, 三年克之(고종벌귀방, 삼년극지)]."라고 기록되었습니다. 상왕 무정(武丁)은 상 왕조를 중흥시킨 군주였지만, 귀방과의 전쟁이 무려 3년이나 걸릴 정도로 귀방의 세력이 강력했다고 해석할 수 있습니다. 그러나 갑골문에서는 귀방에 대한 기록이 그다지 많지 않은데요, 그러다 보니 일부 학자들은 바로 이 점을 들어서 무정 시기 귀방 세력이 그다지 강하지 않았을 것으로 의심을 하기도 합니다. 왜냐하면 '삼년극지(三年克之)'라는 대목에서 '3년'을 햇수로 해석하는 것이 아니라, 고종이 즉위한 3년째에 정벌했다고 해석하기 때문인데요, 이렇게 해석하면 귀방 세력이 3년 동안 전쟁을 벌인 것에 비해서 세력이 강하지 않았을 것으로 해석이 가능해집니다. 이처럼 글자 하나에 따라서 역사의 해석이 달라지기 때문에 문헌상의 글자 한 자, 한 자를 해석하는 것이 굉장히 중요합니다.

또한 갑골문에 따르면 전쟁 포로를 제물로 삼는 경우도 빈번하게 발생했다고 합니다. 『후한서·서강전(西羌傳)』에서는 『고본죽서기년』을 인용하여 "무을(武乙) 35년에 주왕 계(季)가 서락귀융(西落鬼戎)을 정벌하여 적왕(翟王) 25명을 포로로 잡았다"고 기록했습니다. 무을은 무정의 5대 뒤인 27대 상(商)왕이며, 적왕은 귀방의 부족장으로 추정되는데, 25명이나 되는 부족장들이 포로가 될 정도였다면 전쟁 이후 귀방 세력은 매우 크게 약화되어 상 왕조에 복속되었을 것으로 추정됩니다.

그렇다면 귀방이 활동했던 지역은 어디일까요? 일반적으로는 상 왕조의 북쪽으로 추정합니다. 왕위저 교수는 상주(商周)시기의 귀방 활동 무대를 산서성 북부 내몽고 일대로 추정하는데, 이후 점차 남하했을 것으로 주장합니다. 춘추 시기 중원의 역사에 갑자기 나타나서 80년 동안 중원 제후국들을 괴롭혔던 외성(隗姓)을 가진 적적(赤狄) 집단이 바로 귀방의 후예인 것으로 추정됩니다. 잠시 지도를 살펴보겠습니다.

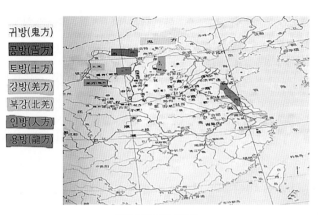

귀방(鬼方)
공방(吾方)
토방(土方)
강방(羌方)
북강(北羌)
인방(人方)
용방(龍方)

상왕조와 여러 방국[1]

　위 지도는 중국의 가장 권위있는 역사 지도집에 실린 상대 지도입니다. 지도에서 '商(상)'자로 표시된 여러 지점들은 상대의 수도 지역으로, 상 왕조는 수도를 여러 번 옮겼기 때문에 이를 추정해서 표시한 것입니다. 즉, 상대의 주 활동 무대는 황하 하류 지역으로 보입니다.

　주변 방국들을 살펴보면, 귀방의 위치는 대략 내몽고 지역입니다. 이는 왕위저가 주장한 산서성 북부와 거리 차이가 많이 나지요? 이처럼 학자들 의견마다 지역 간의 차이가 크게 나타나기도

1　譚其驤 주편, 1990, 『중국역사지도집』제1책, 중국지도출판사, 12쪽.

합니다. 귀방 바로 옆이 공방(㪌方)입니다. 여기는 황하 상류 쪽에 해당이 되는 오르도스 지역인데, 비옥한 초원과 풍부한 물을 갖춘 지역이라서 이곳을 차지하기 위한 전쟁이 끊임없이 일어났습니다. 그 옆에 토방(土方)의 위치는 산서성 일대입니다. 강방(羌方)은 서쪽 끝에 치우쳐 있는 지역인데, 현재의 섬서성, 감숙성 일부 지역에 해당됩니다. 그리고 인방(人方)은 지금의 산동성과 강소성 일대 동남 해안 지역을 중심으로 활동하던 부족들이라고 볼 수 있습니다. 그리고 회색 부분은 섬서성 동부에서 활동했던 용방(龍方)입니다.

5.2.2 공방(㪌方)

공방은 무정시기 상 왕조의 적대 세력의 하나입니다. 그러나 '㪌'方자의 해석에 대해서는 여러 설이 대립하고 있습니다. '昌(창)' 또는 '吉(고)'자로 보기도 하고, 왕국유은 '吉(길)'자로, 우성오(于省吾)는 '귀방'으로, 또 당란(唐蘭)은 '邛(언덕 공)'자의 원형으로 파악했습니다. 이처럼 학자들의 의견이 분분한 이유는 '㪌'자가 갑골문에만 보이고, 이후의 문헌에서는 보이지 않기 때문입니다. 현재 『한어대자전(漢語大字典)』에서도 찾을 수 없기 때문에 우리

말로도 이를 '공'으로 읽어야 하나?라는 생각에 일단 물음표를 더해 두었으나, 편의상 '공방'이라는 명칭을 사용하겠습니다.

공방은 상 왕조의 적대적 세력으로 여러 차례 갑골 복사(甲骨卜辭)에 등장합니다. 리쉐친 교수의 연구에 따르면 공방의 주 활동 무대는 태행산맥 북쪽, 즉 산서성 중부와 동남쪽이었을 것으로 추정하고 있습니다.

5.2.3 토방(土方)

토방은 무정 중기의 복사에서만 출현합니다. 공방과 더불어 줄곧 상 왕조에 적대적이었기 때문에 상 왕조와 자주 전쟁을 치렀습니다. 복사 기록에서는 공방, 토방과의 전쟁에 수천의 군사를 동원했다고 할 정도이므로 상당히 큰 세력을 유지한 것으로 보입니다. 토방 활동 지역은 대체로 상 왕조의 북쪽 또는 서북쪽으로 보고 있는데, 구체적인 범위에 대해서는 약간 차이가 있습니다. 궈모뤄(郭沫若)은 토방을 하(夏)족으로 해석하고, 상 왕조의 서부 쪽에서 활동했을 것으로 봅니다. 왕위저 교수는 산서성 중남부에 있었을 것으로 추정하고, 주 왕조 성립 이후에 쇠퇴했을 것으로 봅니다. 이에 반하여 리쉐친 교수는 공방과 토방의 주 활동 무대를 지금의 하북성과 산서성 북부, 내몽고 서남부 및 태행산맥 서쪽 일대의 상당히 넓은 지역으로 추정합니다.

5.2.4 강방(羌方)

강(羌)족은 중국 서쪽에 거주하며 일찍이 상탕(商湯)시기에 복속되었던 유서 깊은 부족입니다.[2] 『시경·상송(商頌)·은무(殷武)』에서는 "昔有成湯, 自彼氐羌, 莫敢不來享, 莫敢不來王(석유성탕, 저파저강, 막감불래향, 막감불래왕. 일찍이 성탕의 때에 저(氐)족과 강(羌)족이 감히 (조공을) 바치러 오지 않을 때가 없었고, 왕으로 섬기지 않을 때가 없었다.)"고 기록되어 있는데요, 이 구절을 통해 이른 시기부터 상 왕조는 강족과 밀접한 관계를 맺고 있었음을 알 수 있습니다. 또한 강족은 양을 토템으로 때문에 '양방(羊方)'이라고 표기된 기록도 간간히 발견할 수 있습니다.

갑골 복사의 기록에는 무정 시기에 강족과의 전쟁에 군사 1만 3천 명을 동원했다고 전해지는데, 강족의 세력이 매우 강성했다는 것을 짐작할 수 있습니다. 잠시 이 기록을 살펴보겠습니다.

---

2 '상탕'은 상의 탕왕(湯王)을 가리키는 것으로, 탕왕은 상족의 시조입니다.

한자와 중국고대사

"신사일에 정인이 점을 쳐서 물었다.

부호(婦好)에게 전차 3천, 1만 군사를 주어 羌을 정벌하는 것이 어떻겠습니까?"

辛巳卜貞, 登婦好三千, 登旅一萬, 乎伐羌?

이 문장에서 '정인'은 당시 전문적으로 점을 치는 일종의 신관을 말하는데요, '정(貞)'이라고 표시하여 '정인이 점을 묻는다'는 뜻을 나타냅니다. 그리고 갑골 복사에 나타나는 '登(등)'자를 보면, 마치 두 손으로 제기를 공손히 받들어 올리고 있는 형상입니다. 이로부터 '登(등)'자가 초기에는 '공손히 받치다'라는 의미를 나타냈을 것으로 추측할 수 있습니다.

다시 문장으로 돌아와서, '부호(婦好)'는 상왕 무정의 아내입니다. 즉, 여성이자 왕비의 몸으로 강족을 정벌하는 대규모 전쟁 사령관으로 활약했다는 것을 알 수 있습니다. 또 일설에서는 '부호'가 왕비를 가리키는 것이 아니라, 왕비가 부호족 출신이기 때문에 부족을 의미한다고 보기도 합니다. 상 왕조와 강족은 여러 차례 대규모 전쟁을 벌였고, 강족 포로들은 종종 제물로도 바쳐졌다고 하는데, 한 번 제사 지낼 때 300~400명에 달하는 포로를 제물로 바칠 정도로 그 규모가 매우 컸다고 전해집니다. 이 점으로 미루어 서로 적대적 관계였음을 추측할 수 있습니다.

강족의 주요 활동 무대는 상의 서쪽이었습니다. 그러나 갑골문에서는 오히려 북강(北羌)이라고 기록되어 있어, 후대 기록과는 차이가 있습니다. 앞서 살펴본 지도에서 강방 북쪽 편에 '북강'이라고 표시된 지역이 있는데, 이는 무정시기 강방 부족의 일부가 상 왕조의 북쪽까지 진출했거나 또는 강방이 상 왕조의 북쪽으로 이주한 것으로 볼 수 있습니다.

상 왕조와 강족의 주된 전장은 산서성 남부, 태행산맥 부근이었습니다. 또한 주대 왕실로부터 분봉을 받은 허(許), 신(申), 여(呂) 등 강성(姜姓) 제후들의 최초 분봉지도 산서성 일대이므로 강족의 활동 지역은 산서성 일대로 볼 수 있습니다. '강성(姜姓)'의 '강(姜)'과 '강방(羌方)', '강족(羌族)'의 '강(羌)'은 원래 한 계통에서 갈라진 것으로 추정합니다. 공통적으로 양을 토템으로 삼고, 주 활동 지역 역시 섬서 감숙 지역이었기 때문입니다. 이들의 최초 분봉지도 산서성 일대이므로 강족의 활동 지역 또한 산서성 일대로 추정합니다. 춘추 시기 산서성 일대에서 활약했던 강성 융족이라고 일컬어지던 '강성지융(姜姓之戎)'이 바로 강방의 후예입니다.

5.2.5 인방(人方)

인방은 동이(東夷) 집단으로 해석되며 강력한 세력을 지닌 방
국이었는데, 이들은 상 왕조의 동쪽과 동남쪽, 즉 지금의 산동, 안
휘, 강소성 일대까지 넓게 분포하며 활약했습니다. 주지하다시피,
우리 한민족은 예로부터 '동이족'의 일부라고 일컬었으며 한반도
역시 동이 문화권에 속한다고 알려져 있습니다. 문헌 기록을 보면
춘추 시대까지 강력한 세력을 구축하고 활약한 회이(淮夷), 서융
(徐戎), 도이(島夷)가 인방의 후예로 여겨집니다.

상 왕조의 마지막 왕인 주(紂)왕이 동이족과 장기간 전쟁을 벌
여 최종적으로 승리합니다. 그러나 장기간 전쟁을 벌이면서 국력
소모가 극심해진 틈을 타, 서쪽 지역에 있던 주족이 세력을 넓혀
서 상족을 멸망시키고 주 왕조를 세웁니다.

5.2.6 용방(龍方)

용방은 '용(龍)'자를 사용을 하고 있습니다. 용은 일반적으로 중

국을 상징하는 동물로 여기는데, 상의 적대 관계에 있던 방국의
이름을 '용방'이라고 불렀다는 사실은 의아합니다.

최초 용의 형태로 여겨지는 홍산문화에서 출토된 저룡(猪龍)[3]

위 사진은 내몽고 지역의 홍산문화에서 출토된 옥기로, 초기
용의 형태를 한 장신구의 일종으로 보고 있습니다. 입 부분이 돼
지의 주둥이 모양을 가지고 있어서 '저룡'이라고 부르는데요, 대
부분의 중국학자들이 용의 원형으로 인정합니다. 용의 최초 형태
가 황하 유역이 아니라, 6천년 전의 내몽고 홍산문화에서 발견되
었다는 사실은 흥미롭습니다.

용방에 대한 기록은 복사에서 여러 차례 등장합니다. 자세한

---

3   http://www.gucn.com/Service_CurioStall_Show.asp?Id=20691691

내용은 다음과 같습니다.[4]

> 정인이 묻기를, 상왕이 용방(龍方)을 정벌해도 되겠습니까?
>
> 貞, 王惟龍方伐?
>
> 상왕이 용방을 정벌하러 가지 않아도 괜찮겠습니까?
>
> 王勿惟龍方伐?
>
> 정인이 묻기를, 부정(婦妌, 상왕 무정의 后妃)이 용방을 정벌
> 하러 가지 못하도록 하는 것이 괜찮겠습니까?
>
> 貞, 勿乎婦妌伐龍方?

이처럼 무정 전기에 용방을 정벌한다는 기록이 다수 등장합니
다. 이로 미루어, 정벌을 통해서 용방은 상 왕조에 복속한 것으로
보이며, 이후 상 왕조와 용방은 적대적인 관계가 아니라 긴밀하게
협조하는 관계로 발전했음을 알 수 있습니다. 용방은 섬서성 동부
지역을 중심으로 활동하며 강방의 활동을 견제하는 역할을 담당
했을 것으로 보이는데요, 이의 근거는 다음과 같은 기록에서 찾을

---

4   현대 중국어의 기본 어순은 주어, 동사, 목적어의 어순이지만, 갑골문에서는
     대략 10~20% 정도에서 주어, 목적어, 동사의 어순이 나타납니다. 그래서 한
     국어와 마찬가지로 주어, 목적어, 동사의 어순이었을 것이라는 학설도 제기되
     고 있습니다.

수 있습니다.

　　용방에서 강족 포로들을 보내겠습니까?
　　龍來氐羌?
　　정인이 (묻기를) 용방에서 왕비가 될 여성을 보내겠습니
까?
　　貞, 帚龍?

　기록을 보면 '龍來氐羌(용래저강)?'이라고 이야기합니다. 상 왕
조는 강족 포로들을 종종 제물로 사용했는데요, 용방에서 포로로
잡은 강족을 보내왔느냐고 묻는 것입니다. 이를 통해 용방이 제사
에 쓸 강족 포로를 보내서 상 왕실의 제사 활동에 참여했다는 것
을 알 수 있습니다. 또 '貞, 帚龍(정, 추룡)'은 상 왕실과 용방이 혼인
을 통해서 관계를 강화했음을 나타냅니다. 여기에서 '帚+X'의 형
식은 상왕의 왕비를 가리키는 말로 해석이 되는데, '帚'자 뒤에 족
명이나 방국을 붙여서 출신을 나타낸 것입니다. 위 문장에서 '추
룡(帚龍)'은 곧 용방 출신 왕비를 의미합니다. 이처럼 용방과 상 왕
조는 혼인을 통해서 우호적인 관계를 계속 이어 나가고, 또 한편
으로 용방으로 하여금 강족을 견제하는 역할을 담당하도록 한 것

으로 보입니다.

앞서 살펴본 바와 같이 『사기·오제본기』에서 요순시기에 활약했던 인물 '용(龍)'이 등장합니다. 용과 상대 용방이 서로 계승 관계를 가지고 있을 가능성도 배제할 수 없습니다. 『사기·흉노열전』에는 "오월에 농성에서 큰 집회를 열고 그들의 조상과 천지, 귀신에 제를 지낸다[五月大會蘢城, 祭其先, 天地, 鬼神]."는 기록이 나옵니다. 그래서 고문자 학자인 천멍쟈(陳夢家)는 기록에 따라 흉노의 풍속이 용을 토템으로 하고 있다는 점을 들어, 용방과 흉노가 관계를 맺고 있었을 것으로 추정합니다.

그 밖에 어방(御方), 마방(馬方), 인방(印方), 임방(林方) 및 려방(黎方) 등 많은 방국이 갑골문과 금문에 등장합니다. 앞서 살펴본 지도에서 당시 활약했던 부족 중, '방'으로 표시된 주변 부족이 있는가 하면, '씨' 또는 한 글자로 이름만 표시된 부족도 있습니다. 이처럼 부족에 따라 '방'을 붙이거나, 붙이지 않는 문제에 대해서는 아직까지 특별한 해석이 제시되지 않았습니다. 그 차이가 무엇인지에 대해 생각해 볼만한 문제입니다.

5.3 기자(箕子)와 고죽국(孤竹國)

기자와 고죽국은 한국 고대사와도 밀접한 관계를 갖습니다. 이에 대해 살펴보겠습니다.

상(商)말의 세 성인은 기자(箕子), 미자(微子), 비간(比干)을 말합니다. 기자가 주왕의 폭정에 간언하자, 주왕이 '성인의 심장에는 구멍이 일곱 개 있다고 하던데 확인해 보자'라고 하며 그를 살해합니다. 또 미자는 자신의 간언이 받아들여지지 않자, 상의 도성을 떠나 자신의 봉지에서 지내다가 주 왕조가 세워지면서 송국의 제후로 봉해져 상 왕조의 종사를 잇게 됩니다.

기자는 상의 마지막 왕인 주(紂)왕의 숙부였는데, 『사기·송미자 세가(宋微子世家)』에 따르면, 주왕에게 간언을 하였다가 미움을 사서 감옥에 갇히게 되었으나 주 왕조 건국 후에 석방되어 주 무왕에게 '홍범구주(洪範九疇)'를 전했다는 기록이 있습니다. '홍범구주'는 나라를 다스리는 9가지 규범을 말합니다. 이후에 무왕이 기자를 조선후에 봉했으나, 기자는 신하의 예로 대하지 않았다고 하는데요, 이때 조선은 '기자 조선'을 가리키는 것입니다. 기자가 조선에 가서 문물을 전했다는 이야기는 『한서(漢書)·지리지(地理志)』에 따른 것으로, 후대로 갈수록 기자에 대한 내용이 더 풍부해지는 경향을 보입니다. 그러나 풍부해진다는 것은 개인의 의견이 더해졌을 가능성이 높음을 뜻하는 것으로, 실제로 기자 조선이 존재했었는지는 확실하지 않습니다.

고죽(孤竹)은 상탕 때부터 존재한 유서 깊은 제후국으로 기록되어 있습니다. 고죽국의 군주는 아들 중 숙제(叔弟)에게 왕위를 잇도록 하였으나, 백이(伯夷)와 숙제(叔弟)가 서로 왕위를 사양하고 도망칩니다. 주 왕조가 들어서자, 주나라 곡식을 먹지 않겠다며, 즉 주의 신하가 되지 않겠다고 수양산(首陽山)에 들어가 고사리를 먹고 살았다는 유명한 이야기가 전해지지요. 이로 인해 백이와 숙제는 절개의 표상으로 여겨집니다.

수양산의 위치에 대해서는 여러 설이 난무합니다. 『사기집해(史記集解)』에 따르면, 산서성 영제현(永濟縣) 서남쪽, 『사기정의(史記正義)』에서는 산서성 청서현(淸徐縣) 서북쪽으로 기록하고 있습니다. 또한 농서(隴西, 감숙성 일대)나 낙양 근처라고 하기도 합니다. 수양산의 위치에 따라서 당시 고죽국 위치를 추정하는 데에 큰 실마리가 되기 때문에 수양산의 위치는 중요한 역사적 문제입니다.

고죽국은 제환공(齊桓公)의 산융(山戎) 정벌에도 등장합니다. 『국어·제어(齊語)』에서는 "북쪽으로 산융을 정벌한 뒤 영지를 공격하고 고죽을 벤 다음에 남쪽으로 돌아왔다[遂北伐山戎, 刜令支,

斬孤竹而南歸].”는 기록이 전해집니다. 『사기·제세가』에서도 “제 환공이 연을 구원하기 위하여 산융을 정벌하고 고죽까지 이르렀다가 돌아왔다[齊桓公救燕, 遂伐山戎, 至於孤竹而還].” 이라는 유사한 기록이 나옵니다. 또한 『맹자·이루(離婁)』에는 “백이가 紂왕을 피해서 北海(발해)의 바닷가에서 살았다[伯夷避紂, 居北海之濱].”라는 기록이 나옵니다. 문헌 기록을 종합하면, 고죽국의 위치는 요서 지역의 영지현(令支縣), 또는 하북성의 노룡현(盧龍縣) 일대로 추정할 수 있습니다.

기자와 고죽국을 각각 분리해서 보면 분명하게 구분되는 다른 내용이지만, 후대의 기록으로 갈수록 뒤섞입니다. 이로 인해 나중에는 “기자가 조선후에 봉해졌는데, 그 조선은 곧 옛 고죽국의 땅이다”라는 해석까지 등장하여, 후대에 첨가된 내용을 믿을 수 있는가 하는 근본적인 문제가 제기됩니다. 이처럼 문제가 복잡해지게 된 이유는 바로 중국 내 고고학적 발견 때문입니다. 1973년 요녕성 객좌현(喀左縣) 일대에서 명문(銘文)이 새겨져 있는 상대 청동기가 대량으로 발굴되었습니다. 또 이후에 요서 지역에서 계속해서 상대의 청동기가 출토되고 있는데, 문제는 출토된 청동기의 명문 중 일부를 ‘箕侯亞矣(기후아의)’, ‘孤竹(고죽)’으로 해석하면서 중국학계에서는 孤竹국과 箕국을 같이 묶어서 해석하는 경향을 보입니다. 특히 리쉐친 교수가 이 청동기들의 명문을 이처럼 해석한 이후[5] 중국 학계에서는 이를 정설로 받아들이고 있습니다.

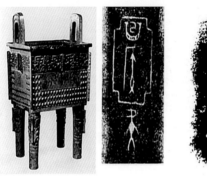 

기후아의(箕侯亞矣) 명문[6]   고죽(孤竹) 명문[7]

객좌현(喀左縣)에서 발굴된 청동기 사진을 살펴보겠습니다.

왼쪽 사진은 깊은 구덩이 안에서 발견된 대형 정(鼎)입니다. 옆의 사진은 그 안에 새겨진 명문입니다. 이 명문의 가장자리를 둘

5   晏琬, 「北京, 遼寧出土銅器與周初的燕」, 『考古』5期, 中國社會科學院考古研究所, 1975. (晏琬은 리쉐친의 필명)

6   이기환 선임기자, 「코리안루트를 찾아서(24) 기자, 본향으로 돌아가다」, 『경향신문』, 2008.03.28.

7   이일걸, 「중국이 잘못 비정한 청동기 연대를 따르는 우리 역사학계」, 『한국NGO신문』 2020.05.20.

러싸고 있는 형태가 바로 현재의 '亞(아)'자의 고자로 해석합니다. 그 밑에 있는 글자는 '의(矣)'자, 그리고 '亞'자 형태 안 글자의 윗부분은 '기(己)'로 보는데, '己'와 '기(箕)'가 통용되었을 것으로 추측합니다. 그 밑에는 화살이 날아가는 듯한 형태와 비슷한 '侯(후)'자입니다. 그래서 갑골에서 '侯'자는 화살의 과녁을 나타냅니다. 같은 지역에서 발굴된 다른 청동기에도 이러한 명문이 새겨져 있는데, 리쉐친 교수가 이를 '箕侯亞矣(기후아의)'로 해석한 뒤 대부분의 중국 학자들은 이 견해를 수용하고 있습니다.

오른쪽 사진의 글자는 리쉐친 교수가 '고죽(孤竹)'으로 해석한 후 정설로 여겨지고 있지만 '고죽'으로의 해석은 좀 더 신중한 검토가 필요하다고 생각됩니다. 문제는 '기후'와 '고죽', 바로 이 두 가지가 하나로 묶여지면서 한국 고대사와 상충되는 문제가 생긴다는 점입니다.

기자조선의 실재 문제와 함께 기자가 봉해진 조선이 있었을 것으로 추정되는 지역에서 고죽의 청동기가 출토되는 현상에 답하기 위하여 다양한 의견이 제시되고 있습니다. 특히, 한국의 이형구 교수는 고죽국이 한 곳에 머물러 있었던 것이 아니라, 시대를 달리하면서 전란 등의 여러 이유로 이동했을 가능성을 제시했습니다.

고죽국 지도[8]

위 지도는 이형구 교수가 고죽이 이동했을 것이라고 추정되는
지역을 표시한 것입니다. 삼각형으로 표시된 점이 바로 상말 주초
의 청동기 유물이 출토된 지점입니다. 물론 고조선 역시 시대에
따라서 정치 중심이 요서 지역에서 대동강 유역으로 변화되는 양
상을 보이기는 하지만, 상말 주초의 혼란스러운 환경 속에서 원래
는 황하 하류 지역에 있던 주 왕조에 반발하는 일부 세력들이 지
금의 요서 지역까지 이동했을 가능성도 충분히 고려해볼 수 있습
니다. 앞으로 더 세심한 분석과 연구가 필요하겠지만 기후와 고죽
의 지역이 중복되는 현상은 이러한 이동설로 충분히 해석할 수 있

---

8   이기환 선임기자, 「코리안루트를 찾아서(25) 기자의 본향 '고죽국'」, 『경향신
     문』, 2008.04.04.

다고 생각됩니다.

　이상으로 기자와 고죽국에 대해서 살펴보았습니다. 특히 이 부분은 우리 한국 고대사와 매우 밀접하게 연관된 부분이기 때문에 우리는 우리대로 치밀하게 고증하고 연구해서 중국식 논리에 함몰되지 않도록 하는 것이 대단히 중요합니다.

제6장

제후와
귀족의 분류

6.1 주 왕조의 분봉제

주 왕조의 제후 및 귀족에 대해 알기 위해서는 당시 정치 제도인 분봉제(分封制)에 대해서 이해할 필요가 있습니다. 주 왕조 정치의 가장 큰 특징은 종법제(宗法制)를 바탕으로 한 분봉제입니다. 분봉제는 왕이 직접 통치하는 땅인 왕기(王畿) 이외의 땅을 제후들에게 나누어 제후국을 세우게 하고, 제후들은 각자 받은 봉토(封土)를 직접 다스리는 제도로, 일종의 지방자치제도라고 할 수 있습니다.

주 왕조의 봉건제도는 서양 중세의 봉건제도와 구별하기 위해서 '분봉제' 또는 '종법분봉제(宗法分封制)'라고 하는데요, 종법제도는 적장자(嫡長子) 계승제를 바탕으로 하는 주족 내부의 가족 질서 유지 제도입니다. 여러 아들이 있을 경우, 아버지로부터의 모든 의무와 권리는 정실의 아들인 적자(嫡子) 계승을 원칙으로 하지요. 적자가 없을 경우에는 소실이 낳은 아들 중, 장자(長子)가 계승합니다. 이처럼 적장자에서 다시 적장자로 가계가 이어지면서 적장자와 다른 아들의 관계는 대종(大宗)과 소종(小宗)의 관계로 표시합니다. 즉, 대종은 적장자 자손이 세운 가계로, 흔히 우리가 이야기하는 '종갓집'입니다. 잠시 '종(宗)'자를 살펴보겠습니다.

종(宗)자의 변천 과정

갑골문에서 '종'자는 집의 형상을 나타내는 '宀(집 면)'자 아래에 제단을 의미하는 '示(시)'자가 들어 있는 형태로, 조상의 신주(神主)를 집 안에 들여 놓은 모습입니다. 그래서 '종'의 본뜻은 '종묘(宗廟)' 또는 '조상'의 뜻을 나타냈는데, 고대에는 조상의 제사를 중시했기에 이로부터 '존숭(尊崇)'의 뜻으로 발전했습니다.

대종은 가문 대소사의 주체가 되어 권리를 행사합니다. 대종 외의 형제들은 소종이 되어 대종의 일에 협력하며 친족 내의 질서를 유지했습니다. 고조부로부터 증조부, 조부, 부, 그리고 자, 5대까지 소종으로 묶게 되는데요, 촌수로 따지면 고조부 이하의 대종을 제외한 8촌까지 모두 소종이 됩니다. 우리나라 현재의 친족법, 상속법, 혼인법 등은 종법을 기준으로 제정된 것으로, 우리나라의 법률 체계에 따르면 고조부 밑으로 4대까지, 촌수로 따지면 8촌까지를 친족으로 규정합니다. 그리고 8촌 이내의 친족 간에는 동성불혼(同姓不婚)의 원칙이 적용되는데요, 이는 중국과 일본 역시 마

한자와 중국고대사

찬가지입니다. 또한 지금은 흔히 볼 수 없지만 예전에는 고조부까지 제사를 지냈지요? 이는 고조부 아래 모든 자손을 한 친족으로 여겼기 때문입니다.

　소종은 영원히 소종으로만 남는 것이 아니라, 5대가 지나 혈연 관계가 멀어지면 친족에서 제외될 수 있습니다. 그래서 소종 스스로 독립해서 가문을 일구고 대종이 됩니다. 그러면 다시 대종과 소종의 관계가 시작되고, 또 5대가 지나면 다른 대종이 세워지는 관계가 이어집니다. 그래서 옛날 큰 성씨의 족보를 보면 중간에 여러 파들이 나오는데, 이것은 소종 가문에서 뛰어난 인물이 나오면 그 인물을 중심으로 큰 나무에서 가지가 뻗어 따로 나오듯이, 각각의 파를 만들어 나갔기 때문입니다. 아래 도식은 종법분봉제를 시각적으로 나타낸 것입니다.

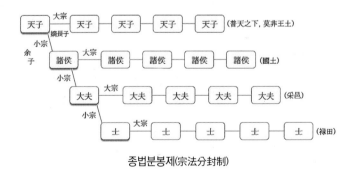

종법분봉제(宗法分封制)

주 왕조의 분봉제는 기본적으로 '모든 천하 땅과 백성이 왕의 영토가 아닌 곳이 없다[普天之下, 莫非王土(보천지하, 막비왕토)].'라고 하여 천하의 모든 땅과 백성이 천자의 소유라는 전제에서 출발합니다. 분봉제는 앞서 살펴본 가문의 종법제도와 유사한데, 적장자 계승 원칙에 따라 천자의 적장자가 대종이 되어 왕위를 잇습니다. 또한 천자는 제후의 임면권(任免權)을 가지고, 왕기 이외의 땅을 제후에게 나눠주어 제후국의 자치를 허용했습니다. 제후국은 땅을 받아서 다스리는 대신에 주 왕실을 보호하고, 공납 의무를 지닙니다. 만약 어느 제후가 불충(不忠)하면, 주 천자는 다른 제후들의 군사를 동원하여 벌할 수 있기 때문에 천자의 권위가 살아있는 한, 제후는 감히 의무를 소홀히 할 수 없었습니다.

주대 귀족 계층은 천자(天子) 밑에 제후(諸侯), 그 밑에 경(卿), 대부(大夫), 다시 그 밑에 사(士) 계층으로 구성된 일종의 피라미드 구조입니다. 천자와 제후의 관계는 제후국 내에서도 그대로 이어집니다. 천자가 제후에게 땅을 분봉을 하듯이, 제후는 가신인 경대부에게 봉토를 분봉하는데요, 이를 채읍(采邑)이라고 합니다. 경대부는 다시 하층 귀족 계층인 사에게 땅을 재분봉하는 식으로 이어집니다. 이로써 천자와 제후의 관계는 대종과 소종의 관계가 됩니다. 그리고 제후와 대부의 관계에서는 제후가 대종, 대부는 소종이 되며, 또 대부와 사의 관계에서는 대부가 대종, 사가 소종이 되는 관계가 이어지게 됩니다. 이러한 관계는 마치 하나의 프랙털 (fractal) 구조와 같은 모습인데, 프랙털은 수학이나 기하학에서 사용하는 용어로, 자기 유사성을 갖는 기하학적인 구조를 말합니다. 쉽게 말해서, 어떤 도형의 작은 일부를 확대해 봤을 때, 그것은 도형 전체 모습이 계속해서 무한 반복되는 구조입니다. 주대의 분봉 제도는 똑같은 모습으로 분봉을 계속 반복해 모습이 마치 털(프랙털) 구조와 유사합니다.

6.1.1 서주의 분봉제

당시 국가는 오늘날과 같이 국경선으로 영토를 구분하는 영토 국가가 아니라, 고대 그리스의 도시국가와 유사한 성읍(城邑) 국가 였습니다. 국가는 도성 주변 지역만 장악하고 있었기 때문에, 각 제후국들은 섬처럼 드문드문 떨어져 있는 군사적 거점이었습니다. 그래서 주대 분봉제는 마치 거미줄과 같이 군사적 거점을 연결하여 통치하는 매우 효율적인 제도였습니다.

서양의 봉건제와 중국의 분봉제는 근본적인 차이가 있는데요, 서양의 봉건제는 영주와 기사의 계약을 바탕으로 성립되지만, 주의 봉건제는 혈연관계에 바탕을 둡니다. 다시 말해서, 씨족 질서를 유지하기 위한 가문의 종법제처럼 주의 분봉제 역시 혈연적 유대 관계를 바탕으로 형성되었습니다. 이 때문에 천자와 제후 관계는 강력한 결속력을 갖고, 분봉제가 효율적으로 작동할 수 있었습니다. 그러나 반대로 혈연적 유대 관계가 약화되면 정치적 결속력 또한 약화될 위험을 안고 있습니다. 그래서 주 초기 천자와 제후의 혈연 관계가 가까웠을 때에는 정치가 순탄하게 이루어졌지만, 후대로 갈수록 천자와 제후의 혈연 관계가 멀어지면서 천자에 대한 제후들의 충성도가 낮아지고 혼란스러운 시기가 지속되었습니다. 이러한 약점에도 불구하고 분봉제는 주 왕조 건국 당시에는 상당히 효율적인 제도였습니다.

상대 마지막 왕인 주(紂)왕의 폭정으로 인해 모두 그의 등을 돌리게 됩니다. 주족은 이 틈을 타서 전쟁을 일으키고, 상 왕조 정복에 성공합니다. 그러나 주족은 상족에 비해 인구도 훨씬 적고, 문화 수준도 낮았기 때문에 매우 불안정한 위치에 있었습니다. 즉, 상의 유민과 동맹 세력은 언제든지 주 왕조에 등을 돌릴 수 있는 가능성이 존재했던 것입니다. 그래서 주 왕조 입장에서는 소수의 주족과 동맹 세력을 강력하게 결속시킬 지배 체제 구축이 필요했습니다. 이러한 상황에서 주족은 분봉제 시행을 통해 어려움을 해결했습니다.

그렇다면 분봉제는 주대(周代)에 처음 실시된 것일까요? 이 시기에 대해 왕국유는『은주제도론(殷周制度論)』에서 분봉제가 주대에 등장했다고 주장하며, 은나라에서 주나라로의 교체는 중국 역사상 가장 큰 혁명적인 사건이라고 하였습니다. 그 이유는 바로 주나라에서 처음 분봉제가 시행되면서 상나라와 주나라의 사회 구조가 근본적으로 달라졌기 때문입니다. 중국의 일부 학자들은 주대 이전인 상대(商代), 심지어 하대(夏代)에 분봉제가 시행되었을 것이라고 주장하기도 합니다. 이처럼 분봉제가 과연 주대에 발생한 것인지, 아니면 주대에 이르러서 완비된 것인지에 대해서는 학계의 의견이 분분합니다. 이는 상과 주, 두 왕조의 국가 체제와 관련된 문제이며, 동시에 고대사 전개 과정을 다시 해석해야 되는 중요한 문제이기 때문에 신중하게 접근할 필요가 있습니다. 간단히 정리하면, 상대에 분봉제의 맹아(萌芽)가 존재했을 가능성은 있지만 구체적인 증거가 부족한 상황입니다.

6.1.2 주 초의 대분봉

『사기·주본기(周本紀)』에 따르면 상 왕조를 멸망시킨 후, 곧 분봉을 실시했을 것으로 추정됩니다. 앞서 언급한 바와 같이 주 건국 초기는 상 유민과 주변 세력이 언제 주 왕조의 등을 돌릴지 모르는 상황이었기 때문에 주 왕조 입장에서는 정치 체제를 안정시키는 것이 가장 시급한 문제였습니다. 그래서 가장 믿을 만한 사람에게 일을 맡겼는데, 같은 혈연 관계에 있는 희(姬)씨 일족을 제후로 임명하여 주 왕실을 보호하도록 하였습니다. 이러한 사실은 『순자·유효(儒效)』의 기록에서 확인할 수 있는데요, 이 기록에서는 "(주공이) 천하를 장악하고 71개 국을 세웠는데, 姬성의 제후가 53인을 차지했다[(周公)兼制天下, 立七十一國, 姬姓獨居五十三人焉((주공)겸제천하, 입칠십일국, 희성독거오십삼인언)]."라고 하며, 주 왕실과 동성(同姓)인 희성 제후가 많았던 주 초의 상황을 보여주고 있습니다.

무왕이 상 왕조를 멸망시켰지만, 당시 주의 역량으로는 새로 점령한 영토 모든 곳에 대규모로 제후를 임명할 수는 없었겠지요. 무왕은 정복 2년 뒤에 바로 사망하고, 당시 어린 아들이 왕이 되는데, 그가 바로 주 성왕입니다. 그러나 숙부인 관숙과 채숙이 불만을 품고는 반란을 일으키는데, 주 성왕의 또 다른 숙부인 주공 단(旦)이 이를 진압했습니다. 이와 관련하여 『좌전』희공(僖公) 24년에 "예전에 주공 단이 관숙, 채숙이 (반란을 일으켜) 천수를 다하지

한자와 중국고대사

못함을 슬퍼했기에, 왕실의 친척들에게 땅을 나누어 주어 제후국을 세움으로써 주 왕실의 보호벽으로 삼았다."라는 기록이 전해집니다. 즉, 무왕 시기에는 모든 영토에 제후 임명이 불가능한 상황이었으나, 관숙과 채숙의 반란을 진압하고 난 후에 비로소 대대적인 분봉이 실시되었을 것으로 추정됩니다.

앞서 기록에서 살펴본 바와 같이, 『순자·유효(儒效)』에는 71개의 나라를 세웠다고 전해지지만, 최초 분봉한 제후국이 71개에 국한되지 않을 것입니다. 왜냐하면 희성의 71개 제후국 외에도 주나라와 우호 관계에 있는 다른 부족들, 상의 유민들, 심지어 삼황오제의 후손들까지도 제후에 봉했다는 기록이 전해지기 때문입니다. 그래서 구체적으로 얼마나 많은 제후국을 세웠는지에 대해서는 의견이 분분합니다. 문헌에 기록되어 이름을 알 수 있는 제후국의 숫자는 70여 개국에 불과하지만, 실제로는 대략 100여 개에서 많으면 수백 개 정도에 이르렀을 것으로 짐작합니다. 제후국들 중에는 노(魯), 제(齊)나라와 같은 대국부터 인구가 수 천에 불과한 소국까지 다양했을 것으로 추정합니다.

『사기·오태백세가(吳太白世家)』에는 오나라의 분봉에 대한 다음과 같은 기록이 전해집니다.

"이때 주 무왕이 은 왕조를 멸망시키고 태백(太伯)과 중옹(中雍)의 후손을 찾다가 주장(周章, 오나라의 5대 군주)을 찾게 되었다. 주장이 이미 오나라의 군주이기에 그를 제후로 봉했다. 그리고 주장의 동생 우중(虞仲)을 주의 북쪽 옛 하나라의 땅에 봉했다. 그가 곧 우중(虞仲)으로 제후의 반열에 올랐다."

是時周武王克殷, 求太伯, 仲雍之後, 得周章. 周章已君吳, 因而封之. 乃封周章弟虞仲於周之北故夏虛, 是為虞仲, 列為諸侯.

이 기록에 등장하는 오나라의 시조 '태백(太伯)'은 주 왕조의 기반을 닦았던 고공단부(古公亶父)의 장남입니다. 원래대로라면 적장자 계승 원칙에 따라서 태백이 주의 왕위를 이어 받아야 합니다. 그러나 태백은 고공단부가 장남인 자신에게 왕위를 물려주는 것보다, 동생인 계력(季歷)에게 물려주고자 하는 뜻을 알아채고, 다른 동생 중옹(仲雍)과 이민족 지역으로 달아나 오나라를 세웁니다. 이는 마치 조선 왕조 때, 태종의 의중이 셋째 충녕대군에 있는 것을 알아채고 원래 세자였던 양녕대군과 효령대군이 왕위를 양보한 사례와 상당히 유사합니다. 즉, 종법대로라면 태백이 아버지 뒤를 이어야 하지만 다른 왕자들은 전부 달아나 버리고 계력만 남게 됩니다. 결국 계력이 주의 왕위에 올랐는데, 그가 바로 주 문왕입니다. 그리고 주 문왕의 아들 주 무왕이 상을 정복했습니다.

태백과 중옹은 무왕의 백조부가 되는 것입니다. 이들이 왕위를 양보하고 달아난 덕분에 계력에서 문왕, 그리고 무왕 자신으로 왕위가 이어진 것이므로 주 무왕은 이에 보답하고자 그들의 후손들을 찾아 제후로 봉했습니다. 이를 통해 대내적으로는 왕실 친족들의 결속을 강화할 수 있었고, 또 대외적으로는 분봉의 명분을 강조하는 동시에 주 왕조의 가장 동남쪽 변방에 오나라와 같은 우호 세력을 둠으로써 왕실을 보호하는 효과를 거두었습니다.

『좌전』정공(定公) 4년의 기록을 보면 노나라의 분봉 과정에 대한 상세한 기록이 있습니다.

"예전에 주 무왕이 상나라를 멸한 뒤 성왕이 천하를 안정시키고 밝은 덕을 가진 사람들을 골라 제후로 봉함으로써 주왕조의 변병(藩屛, 울타리)으로 삼았다. 그래서 주공은 왕실을 도와 천하를 바르게 하였고 주왕실과 제후들과의 관계도 화목했다. 노공에게 천자가 타는 수레인 대로(大路), 용을 그린 깃발(大旂), 하후씨의 황옥(璜玉), 봉부(封父)의 번약(繁弱), 그리고 은나라의 백성 여섯 씨족, 조(條) 씨, 서(徐) 씨, 소(蕭) 씨, 색(索) 씨, 장작(長勺) 씨, 미작(尾勺) 씨를 하사했다. 그리고 그들이 대종이 되어 이끌어 나누어진 씨족들을 모으고 그들을 따르는 무리들을 다스리도록 하였고 주공을 본받음으로써 주왕조의 명령을 듣도록 하였다. 그래서 노나라를 다스리는 직책을 받아 주공의 밝은 덕을 세상에 드러내도록 하였다."

昔武王克商, 成王定之, 選建明德, 以蕃屛周. 故周公相王室, 以尹天下, 於周爲睦, 分魯公以大路[9], 大旂[10], 夏后氏之璜, 封父[11]之繁弱[12], 殷民六族, 條氏, 徐氏, 蕭氏, 索氏, 長勺氏, 尾勺氏, 使帥其宗氏, 輯其分族, 將其類醜, 以法則周公, 用卽命于周. 是使之職事于魯, 以昭周公之明德.

위 기록에서 '선건명덕(選建明德)'은 '밝은 덕을 가진 사람을 골라서 제후로 세운다'는 뜻으로, 덕이 높은 자들을 골라 제후로 세워서 주 왕조의 방패막이가 되게끔 하였다는 분봉의 원칙과 목적을 밝히고 있습니다. 즉, 주 왕실과 같은 후손이라고 해서 무조건 분봉을 하는 것이 아니라, 명덕이 분봉의 기준임을 밝히고 있는

9　大路(대로): 大輅(대로. 輅. 임금이 타는 수레)
10　大旂(대기): 용을 그린 붉은 큰 깃발
11　封父(봉부): 옛 제후명
12　繁弱(번약): 后羿(후예)가 사용했다는 활

한자와 중국고대사

데, 이는 덕치를 강조하는 유가 사상을 반영한 서술입니다.

주공은 왕실을 도운 공로를 인정받아 노나라 제후로 봉해집니다. 그래서 주공을 '노공(魯公)'이라고 부르기도 합니다. 주 천자 성왕은 노공에게 천자가 타는 수레인 '대로', 용을 그린 깃발인 '대기', 하후씨의 '황옥', 그리고 봉부의 '번약'을 선물합니다. 이 중, 출토된 청동 옥기의 사진을 보시죠.

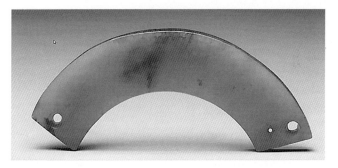

황(璜)[13]

황(璜)은 옥기로 만든 장신구입니다. 황옥은 위 사진과 같이 굴곡 형태의 장신구이며, 구멍이 나 있습니다. 이 구멍에 줄을 연결

---

13   https://collection.sina.cn/2017-10-26/detail-ifynhhay5141682.
       d.html?from=wap

해서 목에 걸거나 허리에 차는 등, 장신구로 활용했을 것으로 보입니다.

더불어 노공(魯公)에게 은나라 백성 여섯 씨족을 하사했다는 것은 '선물'이기도 하지만, 그 이면에는 주공이 대종이 되어 그들을 이끌도록 함으로써 유민들을 안정시키고, 결국에는 주 왕조의 명령에 따르게 만드는 역할을 하도록 한 것입니다. 이것이 바로 분봉의 진정한 목적입니다.

작위를 하사할 때의 예법과 진행 과정에 대해서는 『예기·제통(祭統)』에 상세하게 기록되어 있습니다. 작록(爵祿, 작위와 녹봉)을 하사할 때는 반드시 태묘(太廟, 곧 종묘를 말함)에서 하도록 하여 천자가 제멋대로 하지 않는다는 것을 보이고, 정해진 예법과 절차에 따라 진행합니다. 주나라 사람들은 특히 제사를 중시했습니다. 그래서 『주례·지관(地官)』에서는 천신에 대한 제사를 '사(祀)', 지신에 대한 제사를 '제(祭)', 종묘의 제사를 '향(享)'으로 규정했습니다. 베이징에는 천단(天壇)과 지단(地壇)이 있는데요, 천신과 지신에게 천자가 제사를 올리던 곳이었습니다.

6.2 공·후·백·자·남: 5등작제

앞서 종법분봉제에서 살펴본 바와 같이 '대부(大夫)'는 귀족 계층 중에서도 고위 관직 귀족이었으며, '사(士)'는 가장 낮은 하층 귀족이었습니다. 그러나 춘추 전국 시대를 거치면서 경대부 계층이 점차 몰락하고, 사계층이 전면에 부상하게 됩니다. 그래서 '사'가 앞에 나서고, '대부'가 뒤로 가는데요, 이를 반영한 단어가 '사대부'입니다. 나중에 '대부'는 관직이 높은 귀족이 아니라 일반 귀족을 부르는 호칭으로 격하되었습니다.

주대의 제후들은 제후국의 크기, 주 왕실과의 친소 관계 등에 따라서 다섯 등급으로 구분됩니다. 이와 관련하여 『좌전』양공(襄公) 15년의 기록을 살펴보겠습니다.

"천자와 공(公), 후(侯), 백(伯), 자(子), 남(男) 등급의 제후와 전(甸), 채(采), 위(衛)의 각급 대부들이 모두 각자 자신이 있어야 할 행렬에 있는 것이 소위 '周行(주행, 주나라 관리의 행렬, 후대에는 조정의 관리를 칭함)'이다."

王及公、侯、伯、子、男、甸[14]、采[15]、衛[16]大夫 , 各居其
列 , 所謂周行也.

(왕급공、후、백、자、남、전、채、위대부 , 각거기열 , 소위주행
야.)

다음으로『국어·주어(周语)上』에서도 관련 기록을 찾을 수 있
습니다.

"예전에 우리 선왕께서 천하를 가지게 되었을 때 사방 천
리의 토지를 떼어내어 '전복(甸服)'으로 삼고 상제와 산천의
여러 신들 대한 제사에 쓸 물건을 공급했다. (…중략…) 그 남
은 땅은 균등하게 공, 후, 백, 자, 남의 제후들에게 나누어 주
어서 그들 각자가 평안하도록 함으로써 천지에 순응하고 재
해를 만나지 않도록 하셨는데 어찌 여기에 선왕의 개인적인
이익이 있을 수 있는가!"

昔我先王之有天下也, 規方千里以为甸服, 以供上帝山川百
神之祀, (…중략…) 其余以均分公, 侯, 伯, 子, 男, 使各有寧, 以

14　'甸': 도성 바깥의 교외 지역, 땔감을 관리하는 관리의 명칭
15　'采': 朝祭(아침에 지내는 제사)의 일을 담당하는 관리의 명칭
16　'衛': 지키는 일을 담당하는 관리의 명칭

　　　한자와 중국고대사

順及天地, 無逢其災害, 先王豈有賴焉.

(석아선왕지유천하야, 규방천리이위전복, 이공상제산천백신지사,

기여이균분공, 후, 백, 자, 남, 사각유녕, 이순급천지, 무봉기재해, 선왕

기유뢰언.)

문헌의 기록들을 종합해보면, 춘추 시대에 공, 후, 백, 자, 남 다
섯 등급의 작위가 존재했던 사실은 분명해 보입니다. 그러나 혼란
스러운 전국 시대로 넘어가면서 제후 스스로 자신을 왕이라고 칭
하는 경우도 등장합니다. 춘추 이전 서주시기에도 마찬가지였는
지 역시 의문이 남습니다.

상대 갑골문에는 '후전(侯甸)', '남위(男衛)' 등의 제후 명칭이 보
이고, 또 여러 문헌에서 주의 제도는 은의 제도를 따른 것이라고
기록되어 있는데요, 그래서 서주 시기의 작위 역시 상대의 제도를
따랐을 것으로 추정됩니다. 즉, 서주 시기에도 공, 후, 백, 자, 남 등
의 작위가 있었을 것으로 추정되는데요, 하나씩 간단하게 살펴보
겠습니다.

6.2.1 공(公)

'공(公)'이 갑골문에서 작위로 쓰인 기록은 보이지 않습니다. 서주 시기 때부터 작위의 뜻으로 사용했을 것으로 추정하는데요, 서주 금문에서는 '목공(穆公)', '소공(召公)' 등 주 왕조의 대신을 가리켜서 '공'이라고 불렀습니다. 또 '공'은 존칭의 의미로도 사용되었습니다. 예컨대 서주시기 『소신택궤(小臣宅簋)』에는 "양공백휴(揚公伯休)"라는 문구가 등장합니다. 여기에서 '백(伯)'은 '伯懋父(백무보, 위(衛)나라의 제2대 군주로 강백모(康伯髦), 왕손모(王孫牟)라고도 함)'를 생략한 형태로 '공백(公伯)'은 백무부에 대한 존칭으로 사용되었습니다.

6.2.2 후(侯)

'후(侯)'는 원래 활을 쏘는 과녁인 사후(射侯)로부터 유래되었습니다. 활쏘기는 당시 고대 귀족이 갖추어야 할 중요한 기술 중 하나였지요. 앞서 살펴본 바와 같이 주왕은 왕기 밖의 영토에 제후를 세우고, 제후들로 하여금 주왕실을 방어하도록 하였습니다. 이러한 중요한 임무를 가지고 있었기 때문에 후는 왕기 바깥, 주변

한자와 중국고대사

에 세워졌다고 해서 '변후(邊侯)'라고도 표현했습니다.

또한 '전(甸)'은 왕실의 농지를 관리하고, 곡식을 거둬들이는 임무, '채(采)', '위(衛)' 등은 모두 왕을 위해 일하는 각각의 관직에서 유래되었습니다.

『맹자·만장(万章)下』편에 따르면, "천자의 제도에 따르면 천자의 땅은 사방 천 리이고, 공(公), 후(侯)의 땅은 모두 백 리, 백(伯)은 칠십 리, 자(子), 남(男)은 오십 리이다[天子之制, 地方千里, 公, 侯, 皆方百里, 伯七十里, 子, 男五十里(천자지제, 지방천리. 공, 후, 개방백리. 백칠십리. 자, 남오십리)]."라고 기록되어 있습니다. 여기에서 땅은 살고 있거나, 다스리는 땅을 말하는 것이 아니라, 필요한 물품을 조달하는 '봉토'를 말합니다. 이 기록에서 맹자는 공, 후, 백, 자, 남의 순서로 작위의 구별을 언급하며, '공'을 으뜸으로 여겼습니다. 그러나 이는 억측이라고 판단됩니다. 맹자가 살았던 시기는 전국 시대입니다. 춘추 시대에 들어오면, 제후들의 명칭 사용이 매우 혼란스러워집니다. '공'은 원래 주왕을 보좌하면서 정사를 돌보던 제후를 높여 부르던 호칭이었으나, 후대에 나타난 '3공9경(三公九卿)'이라는 표현에서 조정의 가장 높은 관직의 대신을 부르는 말이었다. 이처럼 '공'에 변화가 생기고, 작위도 서주 시기, 춘추 시대 또 그 이후 전국 시대에 달랐습니다. 그래서 춘추 시대에 이르러서는 거의 모든 제후들이 '공'으로 불리게 됩니다. 즉, 기존 질서 체계가 무너졌음을 제후 호칭의 변화를 통해서 알 수 있습니다.

6.2.3 남(男)

'남(男)'은 비교적 작은 크기의 제후를 나타냅니다. 문헌에는 '허남(許男)', '숙남(宿男)' 등의 기록이 보이는데요. '허남'은 허국의 제후라는 뜻이며, 현재의 하남성 허주에 있었다고 전해집니다. '숙남'은 숙국의 제후를 나타내는데, 산동성 태안에 있던 제후국입니다.

6.2.4 백(伯)·자(子)

'백(伯)'과 '자(子)'는 원래 가족 내에서 일컫는 호칭이었으나, 비교적 큰 제후국을 일컬어 '백'이라고 하였고, 주족과 전혀 다른 이민족 출신의 제후에게는 '자'를 사용했습니다. 그러나 실제 문헌을 보면, 춘추 시기에는 공, 후, 백의 호칭이 엄격하게 구별되지 않고 뒤섞여서 사용되고 있는데요, 이를 통해 당시 공, 후, 백의 구별도 거의 없어진 것으로 볼 수 있습니다.

한자와 중국고대사

가장 문제가 되는 것이 '자'입니다. 자는 초의 제후를 뜻하는 '초자(楚子)'와 같이 주족과 계통이 전혀 다른 이민족 출신 제후에게 사용했습니다. 그러나 주왕실과 같은 희(姬)성인 오(吳)나라, 고(郜)나라 또한 '오자', '고자'라고 기록한 것을 볼 수 있습니다. 특히 서주 금문에 등장하는 '맥자(貉子)'라는 이름은 주목할 만합니다. 다음 문장을 살펴보겠습니다.

『맥자유(貉子卣)』의 명문(銘文)

"왕이 士道에게 명하여 貉子(맥자)에게 사슴 세 마리를 보내라고 하셨다. 맥자가 이에 답하여 주왕의 아름다운 명령을 찬미하고 이를 위해 보배로운 이(彝, 제기의 일종으로 청동으로 만든 술병)를 만들었다."

王令士道歸貉子鹿三, 貉子對揚王休, 用作寶尊彝.

『箕侯貉子簋(기후맥자궤)』의 명문

"기후 맥자가 (딸) 기강(己姜)에게 보물을 나누어 주니 (기강이 이를 기리기 위해) 궤(簋, 일종의 제기)를 만들었다.

己侯貉子分己姜寶, 作簋.

위 두 문장에서 똑같이 '맥자(貉子)'가 등장하지만, 윗문장에서는 '맥자(貊子)'를 쓰고, 아랫문장에서는 앞에 '기후(箕侯)'를 붙여서 '기후맥자(箕侯貊子)'라고 표현했습니다. 이 두 '맥자'가 동일 인물을 가리키는 것인지, 아니면 각각 다른 인물을 가리키는 것인지, 더 나아가 사람 이름인지 여부 등에 대해서는 의견이 분분합니다. 이와 관련하여 궈모뤄(郭沫若)이나 천멍쟈(陳夢家)교수는 '기후'는 앞서 언급했던 '기자조선'을 뜻하는 것으로, '기국의 제후'로 해석했습니다. 그리고 '기후맥자'의 '맥자'를 이름으로 보고 '기후인 맥자'로 해석했습니다. 반면, 베이징대학의 린윈(林沄) 교수는 두 '맥자'는 각각 다른 사람을 나타내는 것으로 보았는데, 맥자를 우리가 앞서 살펴본 '오자', '고자'와 같이 '맥국의 군주'라는 뜻으로 쓰인 것이라고 해석했습니다. 그리고 맥국은 『산해경』에 등장하는 연나라에게 멸망 당한 나라로 파악했습니다. 일반적으로 주천자가 선물을 하사하면, '어느 나라의 제후에게 하사한다'라고 기록을 하는데, 왜 나라 이름은 빼 버리고 제후 이름만 기록하겠느냐는 의문을 제시하며 이와 같이 보았습니다.

맥자유

기후맥자궤

맥자유, 기후맥자궤의 '貉'자 비교

'자(子)'는 제후의 작위로도 쓰였지만, '왕자'와 같이 귀족 자제를 표현하기도 하였습니다. 또한, 공자, 맹자와 같이 남자 이름 뒤에 붙여 미칭으로도 사용했습니다. 이러한 형태는 춘추 시대 이후에 등장하는데, 서주 시기에도 쓰인 표현인가라는 문제가 존재합니다. 이는 방금 살펴본 맥자와 연결되는 문제이기도 합니다. 금문에 등장하는 모든 인명을 수록한 『금문인명회편(金文人名匯編)』[17]에는 대략 5천여 개의 이름이 기록되어 있습니다. 그러나 서주시기의 이름 중에서 '자'를 쓴 사례는 오직 '맥자' 하나밖에 없습니다. 그렇다면 '맥자'를 과연 이름으로 해석할 수 있는지 의문을 가질 필요가 있습니다.

이처럼 두 글자는 명문의 형태가 비슷하면서도 약간 차이가 있고, 해석에 있어서 아직까지 의견이 분분합니다. 다만 '맥자'는 한

---

17   吳鎭烽, 『金文人名匯編』, 中華書局, 1987.

국 고대사와도 깊이 관련되는 문제이기 때문에, 이러한 의문점들을 간과하지 말고, 좀 더 세심하게 관련 연구가 진행되어야 할 것입니다.

종합하면 춘추 시대 '공, 후, 백, 자, 남'이라는 제후의 등급이 존재했던 것은 사실로 여겨집니다. 그러나 주 천자의 권위가 점점 떨어지면서 제후들의 독립성이 강화되고 자연히 작위의 분류는 큰 의미가 없는 상황으로 변화된 것으로 보입니다. 결국 나중에는 제후 스스로 자신을 왕이라고 지칭하면서, 전국 시대 때 초왕, 제왕과 같은 표현이 나타난 것입니다.

제7장

실크로드의
도시국가들

7.1 서역의 범위와 실크로드의 개척

중국은 동쪽으로는 황해와 동중국해, 북쪽으로는 고비사막, 서쪽으로는 타클라마칸 사막과 천산 산맥, 서남쪽으로는 티벳 고원과 히말라야 산맥이라는 자연 장벽으로 막혀 있습니다. 전체적으로 'ㄷ'자 형태의 고립된 지형입니다. 그래서 중국인들은 오랫동안 자신들이 살고 있는 'ㄷ'자 안이 세계 전부이고, 이를 둘러싸고 있는 사막, 산, 바다와 같은 자연 장벽 밖은 '사해(四海)'로 인식했습니다. 지도를 통해 살펴보시죠.

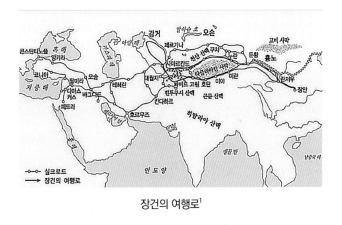

장건의 여행로[1]

---

1   석동연, 「팍스 시니카의 '동전의 양면'-中國夢과 一帶一路」, 『중국의창』, 2016.

한(漢)대 수도였던 장안(長安, 지금의 서안)을 중심으로 북쪽으로는 고비 사막, 동남쪽으로는 동중국해, 서쪽으로는 천산 산맥과 타클라마칸 사막이 있습니다. 이 사막 주변의 오아시스를 따라서 사람이 사는 지역이 나타나는데, 이곳이 바로 오아시스 도시 국가들, 현재 '서역'이라고 일컫는 지역입니다. 그 아래로 곤륜 산맥과 히말라야 산맥이 있고, 그 사이에 티벳 고원이 있습니다. 이처럼 지도상으로 보면, 뻥 뚫려 있는 것 같지만 실제로는 높은 고원, 산맥, 사막, 바다로 둘러싸여 있기 때문에 중국인들은 한대 이전까지만 해도 자신들이 알고 있던 9주(九州)를 세상의 전부라고 여겼습니다. 그러나 한대에 들어서면서 장건(張騫)의 서역(西域) 출정으로 중국인의 지리 관념의 한계가 대대적으로 확대되었습니다.

한무제는 타클라마칸 사막 건너의 대월지로 장건을 파견했습니다. 이 사건을 계기로 중국인은 비로소 서쪽 사막 너머에도 또 다른 세상이 있다는 사실을 알게 됩니다. 지도에서 초록색으로 표시된 것이 장건이 이동한 경로인데요, 갈 때는 천산산맥 북쪽을 따라서 갔다가, 돌아올 때는 남쪽 타클라마칸 사막 아래쪽으로 경유해서 왔습니다. 그 일대 주변으로 실크로드가 개척되고 나중에

11.03.

한자와 중국고대사

는 멀리 유럽까지 이어지게 됩니다.

고비사막이 있는 북쪽을 보면, 전국 시대 때부터 세력을 형성했던 흉노가 주기적으로 중원을 침범해서 약탈을 일삼았습니다. 그래서 전국시기 때 가장 동쪽에 있던 연나라, 북쪽의 조나라, 그리고 진나라는 대규모 성벽을 쌓아서 흉노에 방비하고자 하였습니다. 그때 쌓은 성벽을 바탕으로 후대에 성벽을 잇고 정비한 것이 바로 만리장성입니다. 이후로도 흉노 세력은 계속 중원을 위협했습니다. 한 왕조가 중원을 재통일한 이후에도 이런 양상은 변화 없이 지속되었습니다. 결국, 한 고조가 30만이 넘는 대군을 이끌고 직접 흉노 정벌 원정에 나섭니다. 그러나 평성(平城, 현재의 산서성 대동)에서 흉노의 기습을 받고 백등산(白登山)에 포위되는 굴욕을 당하게 되지요. 일주일 동안 갇혀 있다가 당시 흉노의 왕인 묵돌선우(冒頓單于)[2]의 아내에게 막대한 뇌물을 주고서야 간신히 탈출했습니다.

그 이후 한과 흉노는 형제 관계를 맺고 만리장성을 쌍방의 경계로 삼습니다. 또한 한의 공주를 흉노의 선우에게 시집 보내고,

---

2   묵돌선우, 혹은 모돈선우, 묵특선우라고도 합니다. 선우는 흉노어로 '하늘의 아들'을 뜻하며 흉노의 대군주를 가리킵니다. 흉노 이후의 유목 민족들은 '선우' 대신 '가한(可汗)'을 사용했습니다.

해마다 흉노에게 선물을 보내야 하는 등, 굴욕적인 화친을 맺게 되는데요. 그제서야 한 왕조는 잠시 흉노의 위협에서 벗어나게 됩니다. 이처럼 백등에서 흉노에게 포위되어 치욕을 겪은 일을 '평성지치(平城之恥)' 또는 '백등지위(白登之圍)'라고 일컬어 지금도 '잊을 수 없는 치욕'을 뜻하는 표현으로 쓰입니다. 이는 한 고조 개인에게 있어서의 치욕일 뿐만 아니라, 당시 건국 초기인 한 왕조 입장에서도 자신들이 조공을 받아야 될 오랑캐에게 도리어 중국의 황제가 고개를 숙여야 되는, 중화의 관점에서는 참을 수 없는 치욕이었습니다. 하지만 전국 시대를 지나오면서 한을 건국하기까지 많은 전쟁을 거쳤기 때문에 백성들이 지쳐 있었고, 국력도 충분하지 않았기 때문에 굴욕을 참을 수밖에 없었습니다.

한의 7대 황제인 한무제 때에 이르러 한 왕조의 국력이 다시 강성해진 뒤에야 비로소 고조의 치욕을 되돌려주기 위해 흉노와 결전을 결심합니다. 그러나 흉노는 여전히 막강한 상대였기 때문에 흉노 서쪽에 있던 월지(月支)족과 연합하여 협공할 계획으로 기원전 139년 장건을 월지로 파견합니다. 대월지는 타클라마칸 사막을 지나 서쪽에 있었는데요, 터키계의 부족으로 알려져 있습니다. 원래는 신장 지역 위쪽에 거주하다가 흉노에게 밀려서 서쪽으로 이주해서는 아무다리아 강 유역에 정착해서 '대월지'라는 나라(大

月氏國)를 세웠습니다. 이후 힌두쿠시 산맥과 아무다리아 강 사이에 박트리아 지역을 통치하던 대월지 귀족 다섯 가문이 있었는데, 그중에 하나인 귀상(貴霜, 영문 표기는 Kushan) 가문 출신의 쿠줄라 카드티세스가 북인도로 진출해서 쿠샨 왕국을 세우게 되면서 북인도와 중앙아시아에 걸친 대제국을 건설하고 큰 번영을 누렸습니다.

『사기·대완열전(大宛列傳)』에는 장건이 대월지로 가는 도중에 흉노의 포로가 되었다 탈출하여 10년 만에 대월지에 도착했다는 기록이 있습니다. 장건이 천신만고 끝에 대월지에 도착했으나, 한과 연합하여 흉노에 맞서 전쟁을 치르자는 장건의 제안을 거절합니다. 결국 장건은 아무 성과없이 귀국길에 올랐는데 귀국하던 중, 또 다시 흉노의 포로가 되고 1년 뒤에 가까스로 탈출합니다. 이처럼 장건은 두 번이나 포로가 되는 고초를 겪으며 처음 장안을 출발한 지 13년 만인 기원전 126년에 장안으로 돌아오게 됩니다. 이와 관련하여 『사기·대완열전』에는 다음과 같은 기록이 있습니다.

"선우가 사망하자 좌록리왕(左谷蠡王)[3]이 태자를 공격하고

---

3   여기에서 자록리왕의 '록리(谷蠡)'에 대해서 『사기·집해(集解)』에서는 "服虔曰,

자립하면서 나라 안에 난리가 일어났고, 장건은 오랑캐 부인
과 당읍부 감부(甘夫)와 함께 도망쳐서 한나라로 돌아왔다."

單于死, 左谷蠡王攻其太子自立, 國內亂, 騫與胡妻及堂邑
父俱亡歸漢.

내용을 살펴보면, 선우가 사망하자 좌록리왕이 태자를 공격하
여 스스로 왕위에 오르고, 나라 안이 매우 혼란스러운 틈을 타서
장건이 아내, 당읍부와 함께 도망쳐서 한나라로 돌아왔다는 것입
니다. (참고로 장건은 흉노에 포로로 잡혀 있으면서 아내를 얻었습니다.) 여
기에서 '당읍부(堂邑父)'⁴라는 인물이 등장하는데, 필자의 개인적
인 생각으로 장건보다는 당읍부라는 인물이 더 대단하다고 여겨
집니다. 당읍부는 원래 흉노 출신으로 본명은 감부(甘父)입니다.
한인 당읍씨(堂邑氏)의 노예였기에 '당읍'을 따서 '당읍부'라고 한

谷音鹿, 蠡音離(복건왈. 谷音鹿, 蠡音離)"이라고 하는데, 谷蠡는 luk-li, 즉 '록리/
녹리'로 발음됩니다. 谷은 '계곡'에서 '곡'으로 읽지만, 동시에 벼슬이라는 의
미를 가진 '록'자로 발음되기도 합니다. 그래서 이를 '록'이라고 발음하는데 이
처럼 사기 집회에서 밝히고 있으며, 蠡도 당시에 '리'로 읽는다고 밝히고 있습
니다.

4   당읍부의 '부(父)'는 '보'라고 읽어야 한다는 견해도 있습니다. 남자 이름에 붙
여서 미칭으로 쓸 때는 '보'라고 발음을 하기 때문에 '당읍보'라고 읽을 수도
있지만, 흉노 출신의 노예에게도 그 이름 뒤에 미칭을 붙였을까하는 의문이 듭
니다. 그래서 일단 '당읍부'로 표기했습니다.

것인데요, 당읍부는 흉노 출신이므로 지리에 밝아 길을 안내하고, 통역을 하기 위해 장건의 서역 출정에 동행하게 됩니다. 100여 명이 함께 출발했으나, 돌아올 때는 장건과 당읍부, 두 사람만 돌아오게 됩니다. 13년이나 걸린 여정에서 흉노의 포로로 있으면서도 자신은 원래 흉노 출신이므로 돌아오지 않을 수도 있었지만, 끝까지 장건의 곁을 지키며 함께 돌아왔다고 하니 대단하지 않을 수가 없습니다. 후에 한무제로부터 공을 인정받아 봉사군(奉使君)에 봉해집니다.

앞서 언급한 바와 같이 한 왕조가 원래 장건을 보냈던 목적은 월지와의 동맹이었지만 실패했습니다. 비록 월지와의 동맹이라는 목적은 실패했지만, 장건의 보고를 통해서 서쪽의 대막(大漠) 너머 국가 및 사람의 존재를 알게 됩니다. 또한 중국의 물품이 이미 그쪽으로 건너가서 비싼 가격에 팔리고 있다는 사실 또한 알게 되었습니다.

기원전 119년, 장건은 서역국인 오손(烏孫)과의 동맹을 위해서 다시 사절단을 이끌고 길에 오릅니다. 이것이 바로 2차 서역 출정입니다. 마침내 돌아올 때는 여러 나라의 사절단을 이끌고 옴으로써 중국과 중앙아시아 지역과의 본격적인 교역이 시작됩니다. 즉, 흉노라는 강적에 대항하기 위한 연합군을 찾으려고 하였던 목적은 이루지 못했지만, 이때부터 비로소 중국과 타클라마칸 사막 너머의 중앙아시아 지역의 본격적인 교류가 시작되었다는 의의를 갖습니다.

한무제는 안정적인 교역로를 확보하기 위해서 흉노 정벌을 단행하는 동시에 서쪽 변경의 군사력을 강화했습니다. 그래서 돈황 동쪽에 있던 옥문관(玉門關)을 돈황 서쪽인 만리장성 끝으로 옮겨, 옥문관과 양관(陽關)이 함께 서역과 교역로의 관문[5] 역할을 담당하도록 하였습니다. 이 교역로를 통하여 중국의 비단과 차가 서방 로마 제국까지 전파됩니다. 당시 로마에서는 중국의 비단은 천상의 신들이 입는 옷감으로 여겨지며, 비단 옷 한 벌을 만들기 위해서는 방이 40개인 대저택을 살 정도의 엄청난 비용이 들었다고 합니다. 반대로 중앙아시아의 포도, 석류 등 특산품이 중국으로 유입되었습니다. 실크로드는 이처럼 동서 문화 교류를 촉진시키며 후대에 지대한 영향을 미치게 됩니다.

5 　지금은 '관문'이라고 하는데 예전에는 '관(關)'과 '문(門)'을 달리 썼습니다. '關'은 빗장을 걸어 열고 닫으며 통제할 수 있는 비교적 큰 문을 일컬었으며, '門'은 사람이나 수레, 말 등이 출입할 수 있는 것을 나타냈습니다.

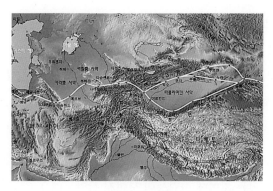

한대 실크로드[6]

　위 지도는 한나라 때의 실크로드입니다. 이와 같이 교역로가 개척되면서 아래 지도와 같이 로마, 베니스 등 유럽까지 실크로드가 연결됩니다. 그렇다면 육상을 통한 실크로드가 번창했던 서역에는 어떠한 오아시스 국가와 민족들이 존재했는지 지금부터 사기, 한서, 후한서 등의 사료를 통해서 살펴보겠습니다.

6　위키백과(https://ko.wikipedia.org)

7.2 한대의 서역 국가들

　한대의 서역(西域)이란 옥문관, 양관 너머 서쪽 편의 광대한 사막과 초원 지역 일대를 가리킵니다. 여기에서 '역(域)'은 '국(國)' 즉, '나라'라는 뜻으로, 사막 지역에 산재한 오아시스 국가들을 의미합니다. 이 지역 대부분이 타클라마칸 사막입니다. 군데군데 오아시스가 있는 지역에 사람들이 모여서 살았는데요, 작게 보면 하나의 부족이고, 크게 보면 큰 국가가 형성되어 있습니다. '서역'이라고 불리는 명칭에서 '域(역)'자의 갑골문과 금문의 형태는 다음과 같습니다.

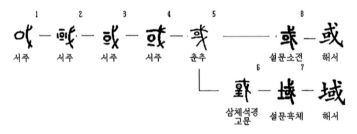

역(域)자의 변천 과정

　'역'자의 초기 형태를 보면, 오늘날과 달리 '或(혹)'자로 썼습니

한자와 중국고대사

다. '或(혹)', '域(역)', '國(국)'이 모두 같은 의미로 쓰이면서 본래는 나라의 땅을 나타냈습니다. 형태를 보면 '무기(戈)'와 '제단(口)'으로 국가의 가장 중요한 요소를 상징합니다. 이렇게 쓰이던 것이 후에 '或'자가 추측 및 선택의 뜻으로 쓰이면서 좌변에 '土'를 더해 땅을 나타내는 '域(역)'으로 사용하고, '口'를 둘러 '國(국)'으로 분화되었습니다.

서역의 국가에 대해서는 반고의 『한서(漢書)·서역전(西域傳)』이나, 사마천의 『사기·대완열전(大宛列傳)』등에서 매우 상세하게 기록하고 있습니다. 참고로 '서역'이라는 명칭이 처음 등장한 것도 『한서·서역전』입니다. 더불어 이 기록에서는 서역의 범위에 대해서 다음과 같이 상세히 기재했습니다.

"서역은 효무제(한무제)때 처음 소통하기 시작했다. 본래 36개 나라였다가 그 뒤에 차츰 나누어져 50여 국이 되었는데 모두 흉노의 서쪽, 오손의 남쪽에 있다. 남북으로 큰 산이 있고 중앙에는 강이 있으며, 동서로 6천여리이며 남북이 천여 리이다. 동쪽으로는 한나라와 접하고 옥문(玉門)과 양관(陽關)으로 막혀 있으며 서쪽은 葱嶺(총령, 파미르고원)으로 막혀있다."

西域以孝武時始通, 本三十六國, 其後稍分至五十餘, 皆在匈奴之西, 烏孫之南. 南北有大山, 中央有河, 東西六千餘里, 南北千餘里. 東則接漢, 阸以玉門, 陽關, 西則限以葱嶺.

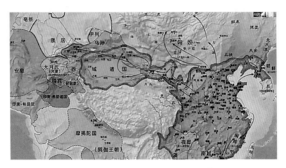

한무제 시대 한나라와 서역국가[7]

위 지도에서 가운데 타클라마칸 사막을 중심으로 그 주변 일대인 서역입니다. 이곳에 36개 국가가 있다가, 후에 56개 국가로 갈라졌다고 기록했습니다. 이처럼 천산산맥과 티벳고원의 경계를 아우르는 광활한 지역이 해당됩니다.

다시 『한서·서역전』보면, 서역 도시 국가들을 하나 하나 기술했습니다.

---

7   김현민, 「흉노⑥... 장건, 서역에서 인도 가는 길을 엿보다」, 『아틀라스』, 2020. 03.26.

야강국(婼羌國), 선선국·누란국(鄯善國·樓蘭國), 차말국(且末國), 소완국(小宛國), 정절국(精絶國), 융로국(戎盧國), 우미국(扜彌國), 거륵국(渠勒國), 우전국(于闐國), 피산국(皮山國), 오타국(烏秅國), 서야국(西夜國), 포리국(蒲犁國), 의내국(依耐國), 무뢰국(無雷國), 난두국(難兜國) 계빈국(罽賓國), 오익산리국(烏弋山離國), 안식국(安息國), 대월지국(大月氏國), 강거국(康居國), 엄채국(奄蔡國), 대완국(大宛國), 도괴국(桃槐國) , 휴순국(休循國), 연독국(捐毒國), 사차국(莎車國), 소륵국(疏勒國), 위두국(尉頭國), 오손국(烏孫國), 고묵국(姑墨國), 온숙국(溫宿國), 구자국(龜玆國), 위리국(尉犁國), 위수국(危須國), 언기국(焉耆國), 오탐자리국(烏貪訾離國), 비륙국(卑陸國), 비륙후국(卑陸後國), 욱립사국(郁立師國), 단환국(單桓國), 포류국(蒲類國) 포류국(蒲類後國), 서차미국(西且彌國), 동차미국(東且彌國), 겁국(劫國), 호호국(狐胡國), 산국(山國), 거사전국(車師前國), 거사후국(車師後國), 거사도위국(車師都尉國), 거사후성장국(車師後城長國) 등 52국.

이처럼 『한서』에는 52개 국가에 대해서 상세히 열거하고 있는데요, 이를 통해서 중국인의 지리 관념이 비약적으로 확대되었음을 알 수 있습니다. 『한서』를 저술한 동한의 반고(班固)는 서기 92년에 사망했는데, 반고가 『한서』를 저술했을 때는 사마천과 거의

200여 년 시간적 격차가 있습니다. 즉,『한서』의 기록이 『사기』보다 더 자세히 기술했다는 점은 후한 시대까지 서역과의 교역이 이어지면서 서역 각 지역에 대한 더 많은 지식 정보가 축적되었음을 짐작할 수 있습니다. 그래서 처음에는 36개 국가가 등장했다가, 나중에는 52개 국가로 늘어난 것입니다.

국가 중에는 구자국(龜慈國)처럼 인구 8만, 군사 2만이 넘는 비교적 큰 나라도 있지만, 오탐자리국처럼 인구가 수 백에 불과해서 '국(國)'을 붙이기 민망한 수준의 부족 집단도 다수 보입니다.

7.3 대완(大宛)[8]

대완은 앞서 위치상으로 보면 지금의 우즈베키스탄 동쪽 페르가나(Fergana) 분지에 위치한 국가이며, 비옥한 토지로 유명했습니다. 남북조 시기에는 '페르가나'라는 당시의 이름을 음차하여 '파락나(波洛那)'로 기록했습니다. 대완국은 특히 '한혈마'라는 명마

---

8   宛은 '고을 이름 원'이라는 뜻과 음을 갖기도 하므로 일부에서는 '대원'으로 표기하기도 합니다.

생산으로 널리 알려져 있습니다.

한무제 당시 흉노는 매우 강력한 세력으로 중국의 북부에서 중앙아시아까지를 아우르는 광대한 유목제국을 건설했습니다.

『사기·대완열전(大宛列傳)』의 일부를 살펴보겠습니다.

"대완은 흉노의 서남쪽, 한의 정서쪽에 있고 한나라로부터 약 만리쯤 떨어져 있다. 그 풍속은 정착생활을 하며 농사를 짓고, 벼와 보리를 심으며 포도주(蒲陶酒)가 있다. 좋은 말이 많은데, 피처럼 붉은 땀[汗血, 한혈]을 흘리며 그 조상은 천마(天馬)의 자식이라고 한다. 성곽과 가옥이 있고, 그 속읍(屬邑)으로는 크고 작은 70여 개의 성이 있으며, 백성은 대략 수십만 명 정도이다. (…중략…) 그 북쪽은 강거, 서쪽은 대월씨, 서남쪽은 대하, 동북쪽은 오손, 동쪽에는 우미와 어전이 있다."

大宛在匈奴西南(대완재흉노서남), 在漢正西(재한정서), 去漢可萬里(거한가만리). 其俗土著(기속토착), 耕田(경전), 田稻麥(전도맥). 有蒲陶酒(우포도주). 多善馬(다선마), 馬汗血(마한혈), 其先天馬[9]子也(기선천마자야). 有城郭屋室(유성곽옥실). 其屬邑大

---

9   앞서 언급한 바와 같이 대완에서는 좋은 말을 많이 생산한다고 하였는데, 한나라는 흉노와 전쟁을 하기 위해 좋은 말이 많이 필요했습니다. 그러다 보니 한

小七十餘城(기속읍대소칠십여성), 衆可數十萬(중가수십만). (…중략…) 其北則康居(기북칙강거), 西則大月氏(서칙대월씨), 西南則大夏(서남칙대하), 東北則烏孫(동북칙오손), 東則扜采(동칙우미), 於寘(어전).

여기에서는 대완의 위치, 풍속, 말, 백성 등에 대해 기록하고 있습니다. 인구 수로 짐작해보면 대완국이 당시 비교적 큰 나라였다는 것을 알 수 있는데요. 이와 관련하여 사마천의 기술을 살펴보겠습니다.

"대완에서 서쪽으로 안식국(페르시아)에 이르기까지 나라들이 언어는 서로 달랐지만 풍속은 같아서 서로 언어를 이해하였다. 그들은 모두 눈꺼풀이 깊고 얼굴에는 수염이 많으며 장사에 능해 작은 돈을 두고도 다툰다."
自大宛以西至安息(자대완이서지안식), 國雖頗異言(국수파이언), 然大同俗(연대동속), 相知言(상지언). 其人皆深眼(기인개심

무제는 말에 대한 욕심을 컸습니다. 원래는 오손(烏孫)이라는 국가에서 천마라고 불리는 말을 얻었는데, 나중에 보니 대완의 말이 더 좋은 것이었습니다. 그래서 대완의 말을 직접 보고는 오손의 말 이름은 천마가 아니라 서극으로 바꿔버리고 대완의 말을 천마라고 불렀다는 구절도 나옵니다.

한자와 중국고대사

안), 多鬚髯[10](다수염), 善市賈(선시고), 爭分銖[11](쟁분수).

사마천은 사람들의 인상에 대해 눈꺼풀이 깊고, 수염이 많다고 기록했습니다. 이를 통해서 대완국과 당시 중앙아시아에 살고 있던 이들은 중국과 인종이 다른 서아시아 백인 계통이었다는 것을 짐작할 수 있습니다. 『한서·서역전』에서는 대완국의 사정에 대해서 상세하게 설명했습니다.

> "대완국의 도읍은 귀산성으로 장안에서 12,550리 떨어져 있다. 戶의 수는 6만, 인구는 30만, 병사는 6만 명이다. 부왕, 보국왕이 각각 1명씩 있다. 동쪽으로 도호의 치소까지 4,031리에 이르고, 북쪽으로 강거의 비전성까지 1,510리에 이르며, 서남으로 690리를 가면 대월지에 이른다. … 대완왕 선봉(蟬封)은 한나라와 약조를 맺고 매년 천마 2필을 헌상하기로 하였다."

---

10 '鬚髯(수염)'에서 '鬚(수염 수)'는 턱 밑에 나는 수염을 가리키고, '髯(구레나룻 염)'은 귀 밑에서 턱까지 나는 수염을 가리킵니다. 그래서 원래 '수'와 '염'은 각각 다른 부위에 나는 털을 가리켰습니다. 또한 髭(웃수염 자)는 코 밑에 나는 수염을 가리키며, '胡子'는 아래턱과 입술 주위에 나는 수염을 가리킵니다. 이처럼 수염의 위치에 따라 명칭이 달랐음을 알 수 있습니다.

11 分銖(분수)는 銖(저울눈 수)로 아주 작음을 형용합니다.

大宛國(대완국), 王治貴山城(왕치귀산성), 去長安萬二千(二)五百五十里(거장안만이천(이)오백오십리). 戶六萬(호육만), 口三十萬(구삼십만), 勝兵六萬人(승병6만인). 副王, 輔國王各一人(부왕, 보국왕각일인). 東至都護治所四千三十一里(동지도호치소4,031리), 北至康居卑闐城千五百一十里(북지강거비전성1,510리), 西南至大月氏六百九十里(서남지대월씨690리). … 宛王蟬封與漢約(완왕선봉여한약), 歲獻天馬二匹(세헌천마이필).

이처럼 '대완'에 대해 『한서』의 기록이 사마천의 『사기』보다 더 상세히 기술하고 있음을 알 수 있는데, 이는 앞서 언급한 바와 같이 후한 시대까지 교역이 이어지면서 서역 각 지역에 대한 정보가 많이 축적되었기 때문입니다.

한무제는 대완의 명마를 구하기 위해서 이광리(李廣利)를 이사(貳師) 장군에 임명하여 두 번에 걸쳐 대완으로 정벌을 단행합니다. '이사'는 당시 대완의 한 성의 이름인데, 성 이름을 붙여서 이사 장군이라고 부를 정도이므로 정벌 전쟁에 대한 기대가 얼마나 컸는지 알 수 있습니다.

이광리는 처음에 기병 6천 명, 수만 명의 병사를 이끌고 대완 정벌에 나서지만 실패합니다. 그래서 장안으로 돌아오지 못하고 돈황에서 머물고 있었는데, 한무제가 정벌에 실패하고 돌아오면 목을 베겠다고 명령하면서 기원전 102년에 다시 6만이 넘는 군사를 돈황으로 보내어 다시 대완을 정벌하도록 하였습니다. 그래서 한 나라 군사는 천신만고 끝에 대완 정벌에 성공하고 귀국합니다. 이와 관련하여 사마천의 기록을 보겠습니다.

옥문관에 돌아올 때는 군사는 만 여명, 말은 천 필에 불과하였다.

軍入玉門者萬餘人(군입옥문자만여인), 軍馬千餘匹(군마천여필).

두 번째 전쟁에서는 병사들이 많이 먹은 것도 아니고(군량이 부족한 것도 아니고) 전투에서 죽은 자도 많을 수가 없었지만 장수와 관리들이 탐욕스러워 병사들을 아끼지 않고 군량을 갈취했기에 죽은 사람이 많았다.

弎師[12]後行(이사후행), 軍非乏食(군비탐식), 戰死不能多(전사불능다), 而將吏貪(이장리탐), 多不愛士卒(다불애사졸), 侵牟[13]之(침모지), 以此物故[14]衆(이차물고중).

---

12   弎師: '弎(이)'는 두번째, '弎師'는 두번째 전쟁을 말합니다.
13   侵牟: '牟'는 '侔(취할 모)'의 뜻, '侵牟'는 '불법적으로 빼앗다'의 뜻입니다.
14   物故: 사고, 사망을 뜻합니다.

사마천은 만여 명만 돌아오게 된 병사들의 희생이 장수와 관리들의 탐욕 때문이었음을 꿰뚫어보고, 또 이를 사실 그대로 기록했다는 점이 감탄스럽습니다. 이러한 비인간적, 부도덕적 행위에도 불구하고, 한무제는 원정이라는 점을 감안하여 장군들의 과오를 묻지 않고, 오히려 이광리를 해서후(海西侯)에 봉하고, 전쟁에 참여한 사람들에게 많은 상을 내렸다고 합니다.

이렇게 해서 4년에 걸친 대완 정벌이 막을 내립니다. 이는 중국의 군대가 중앙아시아까지 도달한 첫 번째 원정이라는 점에서 의미를 갖습니다. 이후 751년 당 왕조 군대가 탈라스에서 아파스 왕조 군대에게 패하기 전까지 800여 년이 넘는 기간 동안 서역 교역로의 주도권을 놓고 서역의 유목 국가들과 중국 왕조들 사이에 끊임없는 전쟁이 펼쳐지는데요, 이광리의 원정이 바로 그 첫 번째 전쟁이었던 것입니다. 즉, 이전까지 중원 농경 문화와 북방 유목 문화권에서는 주로 중국 북쪽 지역을 중심으로 전쟁을 벌였고, 전쟁의 원인은 대부분 북방 민족의 침입에서 기인했습니다. 그러나 한무제의 대완 정벌은 대완의 '말'이라는 경제적인 이득을 얻기 위해서 중국이 스스로 전쟁을 일으킨 것이고, 그 밑에는 서역의 교역로 주도권을 누가 쥐느냐는 본질적인 문제가 깔려 있었습니다.

7.4 오손(烏孫)

오손은 한나라와 우호 관계를 유지했던 서역의 유목민족입니다. 오손에 대해서는 『한서·서역전』에서 다음과 같이 상세히 기록했습니다.

"오손국. 대곤미(大昆彌, 오손국 왕의 호칭)의 도읍은 적곡성(赤谷城)이고 장안에서 8,900리 떨어져 있다. 戶수는 12만으로 인구는 63만, 병사는 188,800명이다. 상(相)과 대록(大鹿)이 있고 좌, 우대장이 2명, 侯가 3명, 대장(大將), 도위(都尉)가 각 1명, 대감(대감) 2명, 대리(大吏) 1명, 사중대리(舍中大吏) 2명, 기군(騎君) 1명이 있다. 동쪽으로 도호의 치소(治所,서역 도호부의 소재지)까지는 721리이고, 서쪽으로는 5천리를 가면 강거(康居)의 영내(번내, 蕃內)에 이른다. 땅은 풀이 많고 평평하며 비가 많고 춥다. 산에는 소나무와 느릅나무(橁, 느릅나무 만)가 많다. 농사를 짓지 않고 나무를 심으며, 가축을 따라 수초를 찾아다니는데 흉노와 풍속이 같다.

나라에는 말이 많아서 부자는 4~5천필을 소유한다. 사람들은(성질이) 강퍅하고 탐심이 많으며 신의가 없고, 약탈과 도적질을 많이 한다. 아주 강한 나라이다. 전에는 흉노에 복속했는데 후에 강대해져서, 비록 통제(기미, 羈縻)를 받기는 하지만 조회(朝會)에는 가려고 하지 않는다. 동쪽으로는 흉노, 서북쪽으로는 강거, 서쪽으로는 대완, 남쪽으로는 성곽으로 된 여러 나라와 서로 접하고 있다. 본래 색(塞)의 땅이었는데, 대월지가 서쪽으로 색왕(塞王)을 패주시키자 색왕이 남쪽으로 현도(縣度)를 건너가 버리니, 대월지가 그 땅에 거주하게 되었다. 후에 오손의 곤막이 대월지를 격파하니, 대월지가 서쪽으로 이주하여 대하를 신하로 삼았고, 오손의 곤막이 그곳에 살게 되었다. 이런 연유로 말미암아 "오손 사람 중에는 색종(塞種)과 대월씨종(大月氏種)이 (섞여)있다"

烏孫國(오손국), 大昆彌[15]治赤谷城(대곤미치적곡성), 去長安八千九百里(거장안8,900리). 戶十二萬(호12만), 口六十三萬(구63만), 勝兵十八萬八千八百人(승병88,800인). 相, 大祿, 左右大將二人(상,대록,좌우대장2인), 侯三人(후3인), 大將, 都尉各一人(대장,도위각1인), 大監二人(대감2인), 大吏一人(대리1인), 舍中大吏二人(사중대리2인), 騎君一人(기군1인). 東至都護治所千七百二十一里(동지도호치소1,721리), 西至康居蕃內地五千里(서지강거번내지오천리). 地莽[16]平(지망평). 多雨, 寒(다우,한). 山多

---

15 大昆彌(대곤미): 오손의 왕 호칭
16 莽: 우거질 망

한자와 중국고대사

松構(산다송만). 不田作種樹(부전작종수), 隨畜逐水草(수축축수초), 與匈奴同俗(여흉노동속).

國多馬(국다마), 富人至四五千匹(부인지4,5천필). 民剛惡(민강악), 貪狼無信(탐랑무신), 多寇盜(두구도), 最爲彊國(최위강국). 故服匈奴(고복흉노), 後盛大(후성대), 取羈屬(취기속), 不肯往朝會(불긍왕조회). 東與匈奴(동여흉노), 西北與康居(서북여강거), 西與大宛(서여대완), 南與城郭諸國相接(남여성곽제국상접). 本塞地也(본색지야), 大月, 西破走塞王(대월, 서역주색왕), 塞王南越縣度(색왕남월현도), 大月氏居其地(대월씨거기지). 後烏孫昆莫擊破大月氏(후오손곤막격파대월씨), 大月氏徙西臣大夏(대월씨도서신대하), 而烏孫昆莫居之(이오손곤막거지), 故烏孫民有塞種(고오손민유색종), 大月氏種云(대월씨종운).

오손은 인구가 상당히 많고, 서역 교역에서 매우 중요한 위치를 차지했음을 알 수 있습니다. 독특한 점은 오손 사람에 대해 '성질이 강퍅하고 탐심이 많고, 신의가 없다'는 등 부정적으로 묘사했는데요, 이는 당시 오손 주변에 막강한 흉노와 월지가 있었기 때문에 오손 입장에서는 강력한 유목 국가들 사이에 끼어서 생존을 모색하기 위한 자구책으로 강인하게 살다 보니, 그 모습이 한나라 사람에게 부정적으로 비춰진 것이 아닐까라고 추측됩니다.

위에서 언급된 '기속(羈屬)'이라는 표현에 대해 잠시 살펴보면, '기속'은 '기미(羈縻)'의 뜻을 갖습니다. 기미는 융적에게 조공을 바치게 하는 대신, 경제적 보상으로 회유함으로써 변방의 안정을 추구하는 중국의 대외 정책입니다. 즉, 채찍과 당근을 적절하게 사용해서 중국의 국익에 부합되도록 함을 나타내는데요, 원래 '기(羈)'는 말의 굴레, '미(縻)'는 소의 고삐를 뜻하는 것으로서 즉, '붙잡아매다'라는 의미로 해석됩니다. 오늘날에도 속박하거나 견제하는 것을 비유를 할 때 '기미'라는 표현을 쓰기도 합니다. 기미 정책은 중국의 황제가 직접 지배하지 못하는 변방의 오랑캐를 중국에 복속시켜서 화근을 제거하고자 하는 목적을 갖습니다. 그래서 지난 2천여 년의 역사에서 중국 대외 정책의 기본이었습니다.

서역과의 교역에서 오손국은 중요한 위치에 있었기 때문에 『사기·대완열전』에 따르면 장건이 무제에게 혼인을 통해서 오손과 관계를 강화하는 것이 좋겠다고 건의하는 내용이 나옵니다. 장건의 의견을 따라, 무제는 강도왕(江都王)의 딸 유세군(劉細君)을 오손의 왕 엽교미(獵驕靡)와 혼인을 성사시켜 서로 간의 관계 강화를 구축했습니다. 혼인을 통해 유세군은 엽교미의 우부인(右夫人)이 됩니다. 그러자 흉노가 가만히 있을 리 없겠지요. 그래서 흉노를 달래기 위해서 엽교미는 흉노 선우의 딸과도 혼인을 해서 좌부인(左夫人)으로 삼았습니다. 이처럼 혼인을 통한 외교 관계 강화는 역대 중국 왕조의 외교 방식이었습니다. 예컨대, 한원제 때 흉노의 호한야(呼韓邪) 선우와 왕소군(王昭君)이 있으며, 또 당 태종은 자신이 가장 아끼던 문성공주를 토번의 왕 송찬간포(松贊干布)에게 시집 보낸 사례 등이 있습니다.

엽교미는 나이가 많았는데, 손자인 잠취(岑陬) 군수미(軍須靡) 또한 유세군과 혼인했습니다. 할아버지와 손자가 같은 여자와 혼인하는 매우 이해하기 어려운 상황인데요. 유세군은 혼인을 완강히 거부했지만, 명령에 복종할 수 밖에 없어 잠취(岑陬)와 결혼했다고 합니다. 그러나 유세군은 일찍 사망합니다. 유세군이 사망하자 군수미는 한나라 초왕의 손녀 해후(解憂)와 혼인합니다. 둘 사이에는 자녀가 없었으나, 군수미가 죽기 전에 또 다른 흉노 부인과의 사이에서 낳은 니미(泥靡)가 있었습니다. 왕위를 계승 받기에는 니미가 너무 어려서, 후에 니미에게 왕위를 돌려주도록 약속을 받고, 군수미는 사촌 옹귀미(翁歸靡)에게 왕위를 넘깁니다. 이렇게해서 옹귀미는 왕이 됩니다.

유목 민족에게는 전대 왕의 부인을 현대 왕이 부인으로 삼는 풍습이 있었습니다. 그래서 옹귀미는 해우를 아내로 맞이하여 3

남 2녀를 낳습니다.[17] 또한, 흉노 부인과의 사이에서 오취도(烏就屠)를 얻게 됩니다. 이처럼 오손은 한나라 및 흉노와 혼인을 통해서 외교 관계를 적절하게 유지했습니다. 그러나 혼인을 통한 관계는 부작용도 있었습니다. 옹귀미는 흉노와의 관계 단절의 대가로 해우와의 사이에서 낳은 장남 원귀미를 한나라 공주와 혼인시킬 것을 요구했습니다. 한나라는 해우 공주 요청에 따라 원귀미를 한나라 공주와 혼인시켜 왕으로 추대하고자 하였습니다. 그러나 혼인이 성사되기 전에 옹귀미가 사망하여 결국 혼인은 성사되지 못했습니다.

옹귀미가 사망한 후, 오손의 귀족들은 원래 잠취가 옹귀미에게 당부했던 대로 잠취의 아들 니미를 왕으로 추대하는데, 그가 4대 곤미 광왕(狂王)입니다. 니미도 오손의 풍습에 따라 전왕의 부인이었던 해우를 다시 아내로 맞이합니다. 그리고 둘 사이에서 아들 치미를 얻습니다. 그러나 니미는 성정이 광폭했고, 해우와의 관계도 나빠지면서 한나라에서는 사절단을 보내 니미를 암살하고자 하였습니다. 그러던 중에 옹귀미와 흉노 부인과 사이에서 낳은 아

---

17 장남이 원귀미(元貴靡), 둘째 '만년(萬年)'은 후에 사차왕(莎車王)이 되고, 셋째 '대락(大樂)'은 좌대장(左大將), 장녀 '제사(弟史)'는 구자왕(龜玆王) '강빈(絳賓)'의 처, 작은딸 '소광(素光)'은 약호흡후(若呼翕侯)의 처가 됩니다.

들 오치도가 외가 흉노 세력을 등에 업고는 반란을 일으켜서 니미를 쫓아내고 왕위를 찬탈하게 됩니다. 이에 한 왕조도 가만히 있을 수 없으므로, 오취도를 위협하여 오손을 양분하여 대곤미 원귀미는 6만호, 소곤미 오취도는 4만호로 나눕니다. 나라가 둘로 쪼개지다 보니, 서로 반목하게 되면서 점차 오손의 세력은 약화되었습니다. 나중에는 한나라의 서역도호(西域都護)가 오손의 내정을 좌지우지하는 지경까지 이르게 됩니다. 이때 오취도의 손자 비원치(卑爰寴)가 오손의 재통합을 기도하며 세력을 구축하기도 하였지만 다시 약해진 듯합니다. 그 이후로는 한 나라와의 교류 기록이 거의 보이지 않기 때문입니다. 이는 즉, 오손이 이미 한 나라의 영향권 밖에 있었다고 생각할 수도 있습니다.

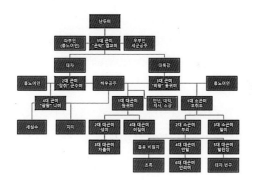

오손왕계(烏孫王系)

7.5 하서4군(河西四郡)과 서역도호부(西域都護府)

한나라는 하서주랑(河西走廊) 일대를 장악하고 있던 흉노 세력을 축출한 뒤에 기원전 121년 무위군(武衛郡)과 주천군(酒泉郡)을 설치합니다. 기원전 111년에는 다시 이 부근을 분할해서 장액군(張掖郡)과 돈황군(燉煌郡)을 설치하면서 '하서 4군' 체제를 완성했습니다.

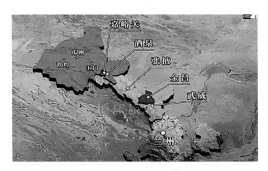

하서주랑(河西走廊)[18]

위 사진은 하서주랑입니다. '주랑'은 복도라는 뜻으로, 란주(蘭州)에서 돈황(敦煌)까지 서역으로 가는 길 사이에 복도처럼 좁은

---

18   https://www.thepaper.cn/newsDetail_forward_14267997

한자와 중국고대사

길로 되어 있는 지역을 '하서주랑'이라고 부릅니다.

하서4군(河西四郡): 무위군(武威郡), 장액군(張掖郡),
주천군(酒泉郡), 돈황군(敦煌郡)[19]

그 후 기원전 102년의 '대완 원정'의 성공 이후, 한 왕조는 지금
의 신장자치구 룬타이(輪台), 거리(渠犂) 일대에서 둔전(屯田)을 시
행합니다. 둔전은 다른 지역에 거주하던 양민들을 변경에 정착하
도록 함으로써 변경의 방어를 효율적으로 유지하려는 목적의 제
도입니다.

후에 흉노가 세력을 회복하면서 천산북로 일대를 장악을 하게
되자, 한나라는 천산남로 아래쪽 지역에서만 영향력을 미치게 됩
니다. 그러나 기원전 59년, 흉노의 일축왕(日逐王)이 한나라에 투
항하면서 또 다시 한 왕조가 천산남북로를 전체적으로 통제하게

---

19   http://www.meili43.com/lishi/2019/0501/152744.html

됩니다. 한나라 조정에서는 서역도호부(西域都護府)를 설치하고 정길(鄭吉)을 도호로 임명하여 서역에 대한 지배력 강화를 도모했습니다. 그 이후로 한 왕조의 서역 지배권이 계속 강화되었고, 흉노와 싸우면서 서역도호부는 폐지와 재설치를 반복하게 됩니다. 이러한 상황이 지속되다가 123년 동한의 안제(安帝)는 서역도호부를 서역장사부(西域長史府)로 격하시켰고 서역 지역에 대한 지배력 역시 약화되었습니다. 당 왕조가 들어서면서 다시 서역을 제패하게 되고, 640년에 안서 도호부를 설치하고 100여 년 동안 서역은 다시 중국의 지배 밑에 있게 됩니다. 그러나 당나라 때부터 해상 실크로드가 번창하면서 육상 교역 기능은 점점 위축되었고, 송나라로 들어와서 육상 교역로는 더 이상 제 기능을 하지 못하고 몰락하게 되었습니다.

제8장

서융(西戎), 북적(北狄),
남만(南蠻), 동이(東夷)
명칭의 유래

앞서 언급한 바와 같이, 중국 문명을 형성했던 상고 시대 중국인은 자신들이 살고 있던 황하 유역 황토 평원 지역을 세상의 중심이라고 여기며 '중원'이라고 일컬었습니다. 그리고 중원에 사는 사람들은 앞선 문명을 보유한 선진 종족이라고 여기면서, 자신들을 '화하(華夏)' 또는 '제하(諸夏)'라고 불렀습니다.

기원전 770년, 주 평왕(周平王)은 수도를 동쪽의 낙읍(洛邑, 현재의 낙양(洛陽))으로 옮기면서 동주 시대가 개막됩니다. 천명을 받은 주천자(天子)가 한낱 오랑캐에 불과한 견융(犬戎)의 침입을 막지 못하고 살해됐다는 사실은 주천자의 권위가 하락함과 동시에 제후국에게 큰 충격을 주었습니다. 게다가 중원의 제후국들과 전혀 다른 계통의 이민족이 중원 지역으로 대거 쏟아져 들어오면서 중원의 제후국은 위기에 빠지게 됩니다. 이러한 상황에서 제후국들은 주천자를 보좌하고, 오랑캐로부터 제후국을 구한다는 '존왕양이(尊王攘夷)'의 명분을 앞세워 중원 국제 정치의 패권을 차지하기 위한 치열한 경쟁에 돌입합니다. 제후국 간의 경쟁 속에서 패업을 이룬 제후들은 주천자를 대신해서 중원을 보호하는 역할을 수행하며 주 왕조 주변 이민족들과 끊임없이 충돌했습니다.

서주 시대에는 주족과 풍속, 문화가 다른 주변 종족을 '융(戎)' 또는 '이(夷)'라고 불렀습니다. '융'이나 '이'의 구분 기준이 명확하게 정해진 것은 아니었는데요, 그러나 춘추 전국 시대에는 이민족에 대한 호칭이 점차 구체화됩니다. 특히 오방(五方)의 개념과 결합되면서 새롭게 가다듬어집니다. 전국 시대에는 동, 서, 남, 북 방위와 특정 집단 명칭을 결합시켜서 표현하는 방식이 보다 구체화되고, 비로소 '사방사이(四方四夷)'의 개념이 확립됩니다. 그러면서 오늘날 우리에게도 익숙한 '동이(東夷)', '서융(西戎)', '남만(南蠻)', '북적(北狄)'의 개념이 정립되기 시작합니다. 또한, 북방의 여러 종족을 일컬어 춘추 시대에는 '적(狄)', 전국 시대에는 '호(胡)'라는 각각 새로운 표현을 사용했습니다. 이처럼 이민족에 대한 새로운 명칭을 사용하고 방위사와 이민족 명칭을 결합하여 사용하는 양상은 역설적으로 춘추 전국 시대 때 이민족들의 중원 진출이 활발했음을 입증합니다.

아래에서는 동이, 서융, 남만, 북적과 같은 명칭이 어떻게 만들어지고, 또 어떠한 의미로 사용되었는지, 그리고 화하족과 비화하족 간의 격렬한 투쟁이 의미하는 바가 무엇인지 살펴보겠습니다.

한자와 중국고대사

8.1 융(戎)

춘추 전국 시대 이전의 문헌 기록과 금문에서 가장 많이 보이는 이족(異族)에 대한 호칭은 '융(戎)'입니다. 갑골문에서 '융'은 공격을 위한 '창(戈)'과 방어를 위한 '방패(甲)'로 구성되었습니다. 일반적으로는 본래 병기를 나타냈으며, 후에 군사, 군대, 전쟁 등의 뜻으로 발전되었다고 보는데, 일부 학자들은 '융'이 원래 창과 방패를 든 무사를 상징했다고 해석하기도 합니다.

서주 사람들은 자신들보다 문화 수준이 낮고 생활 방식이 다른 이민족, 심지어 자신들과 같은 일족이라 하더라도 자신들보다 문화 수준이 낮은 경우에 역시 '융'으로 불렀습니다. 이민족에 대한 호칭으로 사용한 예는 금문에서 쉽게 찾을 수 있는데요, 다음과 같습니다.

"융인 114명을 포로로 잡았다." 「다우정(多友鼎)」
孚(俘)戎孚人百又十又四人(부융부인백우십우사인).

이 기록에서 '孚(미쁠 부)'자는 '俘(사로잡을 부)'로 해석됩니다. 그래서 '융인 114명을 잡았다'는 뜻입니다.

'융'자의 변화 과정을 살펴보면 다음과 같습니다.

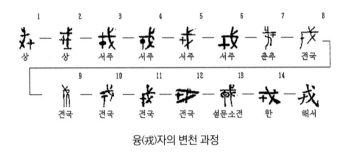

융(戎)자의 변천 과정

'융'자는 갑골문이나 금문에서 창과 방패가 결합된 형태입니다. 예전에는 좌우 변(邊)이 반대로 되어 있는 형태도 많이 보입니다. 주나라 사람들이 이민족의 호칭으로 '융'자를 쓴 것은 이민족이 창과 방패 등 병기를 활용하여 싸우는 데에 능했기 때문일 것으로 해석합니다.

앞서 언급한 바와 같이 '융'은 제후국 이름에도 붙여 사용했습니다. 춘추 시기 주요 제후국 중 하나였던 진(秦)을 '진융(秦戎)', '적진(狄秦)'으로 부르면서 업신여겼음을 금문을 통해서 확인할 수 있습니다. 예컨대, 춘추 후기 『진왕종(秦王鍾)』의 명문에서는 '구진융(救秦戎)'이라는 기록이 있는데, '융'을 병사로 해석하여 '진나라 군사를 구했다'고 해석할 수도 있지만, 여러 문헌에 '진

한자와 중국고대사

융' 또는 '적진'이라는 표현이 보인다는 점을 감안하면, '진융' 역시 진을 비하한 표현으로 보는 것이 타당합니다.

진은 가장 서쪽에 위치한 제후국입니다. 주 왕조가 수도를 낙읍으로 옮긴 이후, 진은 늘 주변 융족들과 치열한 전쟁을 치러야만 하였습니다. 그 과정에서 자연스럽게 융족의 풍속과 문화를 받아들였고, 이로 인해서 중원의 제후국들로부터 군사력은 강하지만 문화가 뒤떨어진 후진국이라는 취급을 받은 것입니다. 이런 예는 비단 진 뿐만 아니라 주 왕조의 가장 북동쪽에 있던 연(燕)에서도 공통적으로 발견됩니다. 연은 주공 단의 동생인 소공(召公) 석(奭)이 분봉 받은 곳으로, 서주 초기 때부터 매우 유서 깊은 제후국이었습니다. 그러나 연 역시 진과 마찬가지로 사방이 이민족으로 둘러싸여 있었습니다. 이러한 상황에서 주변 이민족들과 치열하게 싸우면서 오랜 기간 동안 중원 제후국들과 정상적인 교류가 끊기게 되었습니다. 그래서 춘추 시기 문헌에서는 연의 활동이 거의 보이지 않다가, 전국 시기에 들어서 다시 나타나기 시작합니다.

아래 사진은 전국시기의 유물로 추정되는 '진장원호(陳璋圓壺)'라는 청동기입니다.

진장원호(남경박물관 소장)[1]

오른쪽 사진에서 항아리 주둥이 안쪽에 '陳璋內伐匽亳邦之獲(진장내벌언박방지획)'이라는 문구가 새겨져 있는데요, 이는 '진장(陳璋)이 언박방(匽亳邦)을 정벌하고 획득했다'는 뜻입니다. 이 문장에서 '內(안 내)'는 동사로 '들어가다'를 뜻하며, '匽(눕힐 언)'은 곧 '燕'으로, 연나라를 뜻합니다. 이 청동기는 제나라 전장(田璋)이 기원전 314년 연나라를 정벌하고 연의 종묘에서 획득한 전리품입니다. 이처럼 전국 시대에는 '연'을 낮춰서 '연박방(燕亳邦)'이라고 불렀다는 것을 알 수 있습니다.

---

1   왼쪽 사진: http://www.360doc.com/content/17/0402/07/13708883_642240699.shtml
     오른쪽 사진: https://www.163.com/dy/article/FRVNMCGQ0541JVW5.html

또한 『좌전』소공(昭公) 9년에는 "숙신, 연박은 우리 주 왕조의 북쪽 영토이다[肅慎, 燕亳, 吾北土也(숙신, 연박, 오북토야)]."라는 기록이 있는데요, 여기에서 '연박(燕亳)'은 연나라를 의미합니다. '연박'의 해석을 두고 여러 설이 제기되는데, 최근에는 '박(亳)'을 '맥(貊)'으로 보고 '연맥(燕貊)'의 의미로 파악하는 견해가 두드러집니다. 장보첸(張博泉) 교수는 심지어 연(燕)을 '예(濊)'의 다른 표기로 보고 '연박'을 '예맥(濊貊)'의 다른 표기로 해석했습니다. 한편, 린윈(林沄) 교수는 '연'을 '예'로 해석하는 견해에 대하여 근거가 없다고 보았지만, '연박'은 '연'과 '맥'의 의미이며 춘추 시기의 '맥'은 연나라 가까이에 있었을 것으로 추정했습니다.

또한 당시에 '융(戎)'자를 붙여서 비화하(非華夏)족을 일컬을 때는 주로 'X戎', 혹은 'XX之戎'의 형식으로 사용되었습니다. 대부분은 방위사, 지명, 성씨 등을 결합하여 사용했는데, 산융(山戎), 북융(北戎), 대융(大戎), 소융(小戎), 서융(西戎), 서융(徐戎), 강융(姜戎), 여융(驪戎), 모융(茅戎) 등과 같습니다. 'XX之戎'은 성씨나 지명으로부터 유래되었습니다. 예컨대, '연경지융(燕京之戎)'[2], '육혼지융

2　'燕京(연경)'은 산서성 汾水(분수)의 발원지인 燕京山(연경산)입니다.

(陸渾之戎)'³, '이락지융(伊洛之戎)'⁴ 등이 있습니다.

그러면 잠시 춘추 시기 지도를 살펴보겠습니다.

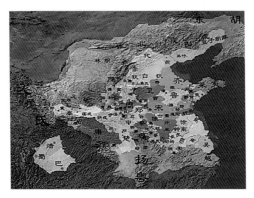

춘추 시기 제후국 지도⁵

위 지도는 춘추 시기의 각 제후국을 표시한 것입니다. 주의할
점은 당시 제후국은 영토 국가의 개념이 아니라 성읍 국가였다는
점입니다. 위 지도에서 각 제후국을 구분하고 있지만 실제로 제후
국 안의 많은 지역은 사람이 거의 살지 않는 빈 땅이었습니다. 제

---

3 '陸渾(육혼)'은 지금의 감숙성 돈황 일대입니다.
4 '伊洛之戎(이락지융)'의 '伊洛'은 강이름인데요, 각각 伊水(이수)와 洛水(낙수)를 나
   타냅니다.
5 『中国历史地图详细版』version2.0, B.C.743-701년.

한자와 중국고대사

후국들이 오늘날처럼 국경선을 경계로 하여 직접 국경을 맞대고 있던 것이 아니었기에 제후국 사이에는 많은 빈 땅이 존재한 것입니다.

　지도 가운데 부분에 주 왕실이 직접 통치하는 지역을 '왕기'라고 합니다. 바로 옆에 '이락지융(伊洛之戎)'이라는 명칭과 여러 융족의 명칭을 통해 당시에 이미 주 왕실, 즉 중원에 근접해서 이민족 세력이 들어와 있음을 알 수 있습니다. 특히 '임호(林胡)'와 같은 명칭은 서주시기에는 사용되지 않았던 것으로 전국 시기에 비로소 등장합니다. 춘추 시기를 나타낸 또 다른 지도를 살펴보겠습니다.

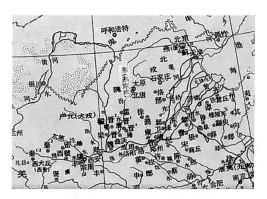

燕京之戎(연경지융, 연경융으로도 표기)[6]

6   출처https://www.sohu.com/a/513463894_666562

지도 중간에서 '연경융(燕京戎)'이라는 표시를 확인할 수 있습니다. 만리장성을 기준으로 동북쪽 끝을 차지하고 있는 연나라가 있는데요, 연경융은 현재 북경의 옛이름인 연경과는 다른 개념입니다. 그리고 왼쪽 하단 부분에 '종주(宗周)'라고 표시된 부분이 있는데, 이는 서주의 원래 도읍이었던 호경(鎬京)의 다른 이름입니다. 주 왕조는 종주에서 오른쪽으로 좀 떨어진 위치에 행정을 위한 제2수도인 '성주(成周)'를 세웠습니다. 또한 종주의 바로 위에 '험윤(玁狁, 후대의 견융)'을 볼 수 있는데요, 앞서 살펴본 지도에서는 주 왕조의 서쪽 끝에 있었던 견융이 이제는 중심부까지 들어온 것입니다. 즉, 동일한 춘추 시기이지만 시간이 지나면서 견융의 세력이 중원 가까이 깊게 진출했음을 알 수 있습니다. 문헌 기록상에서 주 왕조의 서쪽에서 활동하던 융족은 춘추 시기에 사방으로 진출하게 됩니다. 심지어 주의 왕도인 낙읍 부근까지 진출한 것을 확인할 수 있는데요, 이처럼 융족은 주 왕실을 위협할 정도로 큰 세력을 형성하게 됩니다. 위에서 언급한 바와 같이 서주에서 춘추 시기까지 '융'이라는 호칭은 비화하, 즉 화하족이 아닌 이민족을 의미하는 호칭으로 널리 사용되었습니다.

8.2 동이(東夷), 서융(西戎), 남만(南蠻), 북적(北狄)

춘추 전국 시대에는 비화하 종족들을 나타내기 위해서 '융', '적', '만', '이'와 같은 명칭뿐만 아니라 '융적', 또는 '만이'처럼 '융'과 '적', '만'과 '이'를 결합한 표현도 사용되었습니다. 그러나 춘추 전국 시기까지는 방위사와 융, 적, 만, 이의 명칭이 규칙적으로 사용되는 것이 아니었습니다. 예를 들어 '북이(北夷)', '북만(北蠻)', '북융(北戎)', '남이(南夷)' 등은 한대 이후에도 계속 사용될 정도로 여러 번 등장하는데, 이 중에서 특히 '융'이 두드러지게 많이 사용되었습니다. 이는 많은 융족이 중원으로 진출해서 활동했고, 이들과 주 왕조의 제후국들 사이에 충돌과 접촉이 많았음을 의미합니다.

중원으로 진출한 융족은 단순히 거주지 이동이 아니라, 중원 국제 정치에도 큰 영향을 미치게 됩니다. 서주 왕조를 멸망시킨 이민족은 융족 중에서도 '견융(犬戎)'이었습니다. 기원전 771년에 견융이 서융, 신후(申侯)[7]와 연합해서 주 유왕(幽王)을 살해합니다.

---

7   申侯는 주유왕의 왕비인 신후(申后)의 아버지로, 유왕의 애첩 포사(褒姒)때문에 신후와 태자 의구(宜臼)가 폐위되자 이에 분노, 견융과 연합하여 전쟁을 일으켰습니다.

이로써 서주 왕조는 멸망하고 1년 뒤에 태자 의구가 제후들의 도
움을 받아 동쪽의 낙읍으로 천도[8]하면서 동주 시대가 개막됩니다.
평왕을 호위한 공을 인정받은 진 양공(襄公)은 서주 왕조의 옛 땅
을 분봉받아 정식으로 제후에 올랐고, 진은 이후 견융, 서융과 경
쟁하면서 영토를 확장했습니다. 견융은 진나라와의 경쟁에서 밀
려 점차 중원으로 들어옵니다. 당시에는 중원이라고 하더라도 제
후국 사이에 빈 땅이 매우 많았는데, 바로 이 빈 땅으로 들어오게
된 것입니다. 『좌전』의 기록에 따르면 견융은 위수(渭水)의 안쪽까
지 침입했고, 기원전 660년과 658년에 괵(虢)국과 두 번의 전투에
서 크게 패한 뒤 기록에서 사라집니다.

그 뒤를 이어서 '윤성지융(允姓之戎)', '육혼지융(陸渾之戎)', '강
융(姜戎)' 등 제 융족이 중원으로 진출하여 중원의 패자였던 진(晉)
국과 우호적인 관계를 맺습니다. 기원전 627년에 진(晉)은 융족과
연합해서 정나라를 공격한 진(秦)의 군사를 격파했는데, 진(晉)은
진(秦), 초(楚)와의 패권 경쟁에서 융족의 세력을 적절하게 활용했
습니다. 이를 바탕으로 진(晉)은 중원의 패자(霸者) 역할을 장기간

---

8   기원전 770년에 평왕이 수도를 동쪽의 낙읍으로 이전한 사건을 역사에서는
     '평왕동천(平王東遷)'이라고 합니다.

한자와 중국고대사

수행할 수 있었습니다. 특히, 진 문공(晉文公)은 19년을 떠돌면서 중원 각국과 융적의 상황을 잘 알고 있었기에 단기간에 패업을 이룰 수 있었습니다.[9]

서주 왕조가 멸망하고 동주 시대로 들어서게 되면서, 융족 또한 대규모로 이동했습니다. 그래서 서주의 도읍지였던 종주(宗周)뿐만 아니라, 성주(成周 현재의 낙양(洛陽)) 부근까지 진출해서 활발하게 활동한 것으로 보입니다.

춘추 중기부터는 '적(狄)'이라는 새로운 표현이 등장합니다. 『춘추(春秋)』장공(莊公) 12년에서는 "狄이 邢國을 정벌했다[狄伐邢(적벌형)]."라고 기록했는데, 이는 '적(狄)'이 쓰인 첫 번째 기록입니다. 『설문』犬部(견부)에서는 '적(狄)'을 '적적(赤狄)'으로 추정합니다. '적(狄)'의 가차(假借)로 '적(翟)'을 사용하기도 하였습니다. 이와 관련하여 『설문통훈정성(說文通訓定聲)』에서는 "'狄'자는 '逖'자와 가

---

9 왕위저(王玉哲) 교수는 戎狄(융적)의 성씨를 다섯 가지로 분류했는데, 다음과 같습니다.

① 允姓之戎(윤성지융): 서주 獫狁(험윤-흉노)의 후예. 犬戎(견융), 九州之戎(구주지융), 陸渾之戎(육혼지융), 陰戎(음융)

② 隗姓之戎(외성지융): 은주시기 귀방의 후예로, '赤狄(적적)'을 말함

③ 姜姓之戎(강성지융): 사악의 후예

④ 姬姓之戎(희성지융): 驪戎(여융), 大戎(대융), 白狄(백적)

⑤ 西戎: 주 강역 바깥에서 활동하는 秦과 적대적인 여러 융족

차되어 쓰인다[狄, 假借爲逖(적, 가차위적)].”라고 설명했습니다.

왕국유는『산해경』과『죽서기년』에서 선상(先商) 시대의 인물 왕해(王亥)가 유역(有易)에게 소를 맡겼다(王亥托于有易)는 부분을 『초사·천문』에서는 유적(有狄)이라고 바꾼 것으로 보고, ‘역(易)’과 ‘적(狄)’은 같은 글자이며 유적(有狄)은 곧 유역(有易)이라고 해석했습니다.

『사기·흉노열전』에서는 “진문공이 융적을 물리친 후 이들을 하서(河西)의 은수(圁水)와 낙수(洛水) 사이에 머물도록 하고, 적적(赤狄)과 백적(白狄)으로 나누어 불렀다[晋文公攘戎翟, 居于河西圁、洛之间, 号曰赤翟、白翟(진문공양융적, 거어하서은, 낙지간, 호왈적적, 백적)].”라고 기록하고 있습니다. 은수(圁水)는 환수(圜水)라고도 하며, 지금의 섬서성 북부에서 황하로 들어가는 독미하(禿尾河), 낙수(洛水)는 하남성의 황하 지류를 가리킵니다.

북방의 제 종족을 말할 때 처음에는 ‘융’을 많이 사용했으나 점차 ‘적(狄)’으로 대체되었습니다. 전국 시대 이후로 북방의 유목 민족에는 ‘적(狄)’이나 ‘호(胡)’를 사용했지만, 북방의 비화하 종족에게 ‘융’, ‘이’를 사용하던 습관은 쉽게 사라지 않아 ‘융적(戎狄)’, ‘이적(夷狄)’과 같은 표현을 여전히 사용하기도 하였습니다.

산동성 발해만부터 강소성 일대까지 여러 ‘이(夷)’족들이 살고 있었는데, 전국 시대로 접어들면서 대부분 중원의 제후국에게 정복당합니다. 그러면서 원래 이 일대를 중심으로 활동하던 '이'는 명칭만 남게 됩니다. 그리고 한 왕조가 들어서면서 '이'의 지역은 한의 영토 동북쪽 바깥에서 활동하는 '이'족의 남은 세력을 가리키는 말로 의미가 변질됩니다. 즉, 이전에 '이'족이라고 하면 산동성, 강소성 해안가에서 활동하던 세력이지만, 한대 이후의 '이'족은 한 왕조의 동북쪽 끝인 요녕성, 길림성과 한반도 일대를 가리키게 됩니다.

'이'자의 변천 과정을 살펴보겠습니다.

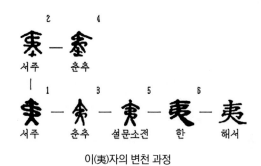

이(夷)자의 변천 과정

'이'는 '大(큰 대)'자와 '弓(활 궁)'자가 결합한 형태입니다. '大'의 초기 형태는 사람의 형상으로 즉, 사람이 활을 가지고 있는 모습을 나타낸 것입니다. 앞서 살펴보았던 '융'자가 병기를 들고 있는 사람을 형상화한 것처럼, 활을 가진 사람을 표현한 것은 당시 화하족에게 이족은 활 쏘기에 능한 민족으로 인식되어, 이와 같이 표현한 것으로 추측할 수 있습니다.

『주례·추관(秋官)·사구(司寇)』의 기록에는 "貉隸百有二十人(맥예 백유이십인)". 鄭玄注(정현주), "征東北夷所獲(정동북이소획)."라고 하였습니다. '맥의 노예가 120인'이라고 기술한 부분에 동한 시대의 정현이 주를 달아 동북의 이족을 정벌하고 얻었다고 언급하고 있는데요, 정현은 '맥(貉)'을 자연스럽게 동북지방의 '이'로 여겼음을 알 수 있습니다. 이와 같이 각 왕조 영토 변화에 따른 이민족에 대한 관념의 변화는 고문헌에서 흔히 볼 수 있습니다.

주 왕조의 남쪽은 중원 제후국들과 이질적인 특성을 가진 묘(苗)족 계통의 초나라, 월(越)족 계통의 월나라 및 오나라와 같은 국가들로 구성되어 있었습니다. 전국 시대 때까지도 가장 남쪽 지역이 지금의 절강성과 호남성 남쪽에 이르지 못했습니다. 묘족과 월족의 주 무대였던 남방으로의 진출은 진한 시기에 와서야 본격적으로 이루어집니다. 그러나 남방은 중원 지역과 달리 덥고 습한 기후입니다. 그래서 지역적인 특성을 반영하여 남쪽에 있는 이민족들을 '蠻(만)'자로 표현했습니다. '만(蠻)' 자는 밑에 '蟲(벌레 충)'

자가 있는데요, 이는 중원과 환경이 다른, 빽빽한 밀림 속에 뱀과 독충이 많다는 남방의 환경적 특징을 글자에 표현했다고 볼 수 있겠죠? 조금 특이한 점은 앞서 살펴봤던 '융'자는 병기를 든 사람, '이'자는 활을 가지고 있는 사람, 그리고 '적'자는 초기 갑골문에는 등장하지 않는데, 왼쪽에 '犬(개 견)'자와 오른쪽에 '火(불 화)'자로 구성되어 유목 생활을 하는 북방 유목민들의 특징을 나타냈습니다. 이처럼 융, 이, 적 세 글자는 모두 사람과 연관되어 있는 데에 반하여, '만'은 '蟲(벌레 충)'을 써서 남방의 환경을 반영한 비하 표현입니다.

'만'자의 출연은 비교적 늦습니다. 『국어·진어八』에서는 기원전 546년에 송나라에서 회맹하게 되는 상황을 서술하고 있습니다.

> "예전에 성왕(成王)이 기양(기산의남쪽)에서 제후들과 맹약을 맺을 때 초는 '荊'지역의 오랑캐(蠻)이었기에 '茆蕝(묘절)'을 세우고, '望表'(망표)를 설치하고 선비와 함께 화롯불을 지켰기 때문에 맹약에 참여하지 못했다."

昔成王盟諸侯於岐陽, 楚为荆蠻[10], 置茆蕝[11], 设望表[12], 與鮮
卑守燎, 故不與盟.

(석성왕맹제후어기양, 초위형만, 치묘절, 설망표, 여선비수료, 고불
여맹)

즉, 초나라는 오랑캐이기 때문에 회맹의 중요한 의식에는 참여
하지 못하고 선비(鮮卑)와 함께 뒤로 밀려나 있었다는 것을 기록
을 통해 알 수 있습니다. 이 글에서 문제가 되는 것은 '선비(鮮卑)'
입니다. 회맹이 있던 시기는 기원전 546년으로, 선비가 문헌에 등
장해서 활약하는 시기와 무려 500년이 넘는 시간적 격차를 보입
니다. 선비는 동한왕조 시기인 서기 45년부터 한나라 변경을 침범
하면서 동한과 접촉하기 시작한 것으로 알려져 있습니다. 그러므
로 시기상 기원전 546년에 송나라 회맹에 선비가 참여한다는 것
은 불가능한 일입니다. 즉, 이 부분은 후대에 추가되었거나, 선비
족이 활동하던 후대에 이 부분을 옮겨 적으면서 후대의 관점에서
글자를 바꿨을 가능성도 의심할 수 있습니다.

---

10 초나라를 '荆蠻(형만. 荆州의 오랑캐)'로 표현했습니다.
11 '茆蕝(묘절)'은 띠풀로 단을 지어 묶는 것으로 초의 특산품이기에 주에 공물로
    바쳐야 할 의무입니다.
12 '望表(망표)'는 산천에 제사를 올릴 때 세우는 나무 표지입니다.

초(楚)는 춘추오패 중의 하나로 중원의 국제 정치를 이끌어가는 중요한 제후국이었습니다. 그럼에도 불구하고 '형만(荊蠻)'이라는 표현을 공공연하게 쓸 정도로 중원의 제후국들에게 업신여김을 당했음을 보여줍니다. 이는 초나라뿐만 아니라 주나라 변방에 있던 진(秦), 연, 오, 월과 같은 제후국들도 똑같이 겪었던 일입니다. 그만큼 화하와 비화화를 가르는 장벽이 높았다는 것을 알 수 있습니다.

춘추 시기를 통틀어서 중원의 제후국들을 뒤흔들었던 사건은 뭐니뭐니 해도 소위 '적적(赤狄)'이라는 집단의 침입이었습니다. 기원전 662년에 처음 등장한 '적적'은 처음에는 '적(狄)' 한 글자로만 표기되었습니다. 그러나 불과 2년 뒤인 기원전 660년에 '적'은 상대부터 있었던 유서 깊은 제후국인 '형(邢)'을 공격하여 멸망시킵니다. 적이 등장한 시기는 제환공이 패업을 이루었던 시기였는데, 중원의 제후국들은 거의 속수무책으로 당했습니다. 불과 2년 뒤에는 유서 깊은 제후국인 '위(衛)'를 공격해서 멸망시킵니다. 『좌전』민공(閔公) 2년에 이와 관련된 기록이 전해집니다.

"겨울 12월에 적인(狄人)이 위(衛)나라를 침벌했다. (…중략…) 적인과 형택(熒澤, 지금의 하남성 정주시 서북쪽 고영진(古滎

鎭)의 북쪽)에서 전쟁하다가 위사(衛師)가 대패하니 적인이 드디어 위나라를 멸명시켰다 (…중략…) 위나라가 적에게 패망함에 이르자 송 환공(宋桓公)은 도망해 오는 위나라 사람들을 황하 강가에서 맞이했고 밤에 황하를 건넜다. (…중략…) 이때 위나라의 유민은 남녀 모두 730명이었고, 공(共)과 등(滕)의 백성까지 보태어 5천명이었다. 대공(戴公)을 임금으로 세우고 조읍(曹邑)에 머무르도록 하였다. (…중략…) 제후(齊侯)가 공자 무휴(無虧)에게 전차 3백 승(乘), 사병 3천인을 거느리고 가서 조읍(曹邑)을 지키게 하였다. (…중략…) 희공 원년에 제환공이 형(邢)을 이의(夷儀, 산동성 유성(聊城)시 서남쪽)로 옮기고, 희공 2년에 위(衛)를 초구(楚丘, 하남성 활(滑)현 동쪽)에 봉했는데, 형인들은 자기들의 본국으로 돌아가는 것처럼 기뻐했고, 위나라 사람들은 자기들의 나라가 멸망된 것을 잊었다."

冬十二月(동12월), 狄人伐衛(적인벌위), (…중략…) 及狄人戰於熒澤(급적인전어형택), 衛師敗績(위사패적), 遂滅衛(수멸위). (…중략…) 及敗(급패), 宋桓公逆诸河(송환공역제하), 宵濟(소제). 衛之遺民男女七百有三十人(위지유민남녀730인), 益之以共滕之民为五千人(익지이공등지민위오천인). 立戴公以廬于曹(입대공이려우조). (…중략…) 齊侯使公子无虧帥車三百乘甲士三千人以戍曹

(제후사공자무휴수차삼백승갑사삼천인이술조). (…중략…) 僖之元年(희지원년), 齊桓公遷邢于夷儀(제환공천형우이의), 二年(이년), 封衛于楚丘(봉위우초구), 邢遷如歸(형천여귀), 衛國忘亡.(위국망망).

　이 기록을 통해 제후국들은 황하를 방어선으로 삼고 간신히 방어하는 수준이었으며, 당시 '적'의 세력이 얼마나 대단했는지 짐작할 수 있습니다. 제환공이 여러 조치를 취했다고 기록하고 있는데요, 이러한 조치 활동은 엄밀하게 말하면 산융 정벌처럼 '양이(攘夷)'를 실천한 것이 아닌 방어 차원의 활동이었습니다. 오랑캐 '적'의 세력 앞에서 제후국들을 규합하여 곤경에 처한 위나라와 형나라의 유민을 구하여 나라를 계속 잇게 하고, 삶을 이어갈 터전을 마련해 준다든지 하는 것은 마땅히 패자(覇者)로서 취해야 할 행동이었기 때문에 지금도 높이 평가되고 있습니다.
　이처럼 기세가 대단했던 '적'은 기원전 650년 주 왕실과 가까운 거리에 있던 온(溫)국을 멸망시키고 거의 매년 제후국들을 공격하게 되는데, 유일하게 진(晉)나라만 '적'을 격파했습니다.
　『좌전』희공(僖公) 10년에서는 '적'이 '온'을 침범하여 멸망시킨 사건을 기록하고 있습니다.

"희공 10년 봄에 적인이 온(溫)나라를 멸망시켰으니, 이는 소자(蘇子)가 신의가 없었기 때문이다. 소자가 주왕을 배반하고 적의 편에 붙었는데, 적과 사이가 좋지 못했기에 적인이 그를 공격했고 주왕이 구원하지 않았다. 그리하여 ('온'이) 멸망한 것이다. 소자는 위(衛)로 도망갔다."

春(춘), 狄滅溫(적멸온), 蘇子無信也(소자무신야). 蘇子叛王卽狄(소자반왕즉적), 又不能於狄(우불능어적), 狄人伐之(적인벌지), 王不救(왕불구), 故滅(고멸). 蘇子奔衛(소자분위).

'온'은 주 왕조의 작은 제후국이었습니다. '적'이 공격을 했는데도 주 왕실에서 구원하지 않았다는 기록을 통해 '온'의 제후인 소자(蘇子)는 주 왕실과 사이가 좋지 않음을 알 수 있습니다. 이는 '온'과 사이가 나빴기 때문일 수도 있지만, '적'의 세력이 대단했기에 주왕이 '적'과 충돌하는 것을 피하기 위해서 일부러 모른 척한 것일 수도 있습니다.

'적'은 기원전 640년경에 제나라와 맹약을 맺으면서 본격적으로 중원의 정치에 개입하는 양상을 보입니다. 역시 『좌전』 희공 18년에 이와 관련된 기록이 나옵니다.

한자와 중국고대사

"송의 군대와 제의 군대가 언(甗, 산동성 제남시 부근)에서 싸웠고 제군이 계속 패했다. 적이 제를 구원했다."

宋師及齊師戰於甗(송사급제사전어언, 齊師敗績(제사패적), 狄 救齊(적구제).

적(狄)이라는 이름이 등장한 이후 50년쯤 지난 기원전 606년에 처음으로 앞에 '赤(적)'자를 덧붙여서 '적적(赤狄)'이라는 표현이 등장하는데, 『춘추(春秋)』선공(宣公) 3년에는 "적적이 제를 침범했다[赤狄侵齊]."라고 기록했습니다. 이처럼 '적'에서 '적적'으로 호칭의 변화는 시간이 흐르면서 제후들도 '적'과 접촉하는 일이 많아짐에 따라, '적'의 내부 사정에 대해 이해하게 되었을 것이고, 이를 반영한 것으로 추측할 수 있습니다.

이후, '적'과 중원 제후국의 관계는 진(晉)나라를 중심으로 전개됩니다. 제환공 이후 패업을 이룬 진은 힘을 비축하면서 결정적인 기회를 기다렸는데, 당시 적적의 세력은 하나가 아니라 가장 세력이 강한 노씨(潞氏)를 비롯해 갑씨(甲氏), 유우(留吁), 탁진(鐸辰), 장구여(廧咎如) 등 여러 작은 세력으로 분화되어 있었습니다. 진경공(晉景公)은 누이 백희(伯姬)를 노씨의 군주 영아(嬰兒)와 혼인시켜 관계 개선을 도모했습니다. 그러나 백희는 노의 재상 풍서(酆舒)에 의해서 살해당합니다. 사태가 이러한 지경에 이르자, 진은 기원전 594년 적적에 대한 대대적인 전쟁을 일으킵니다. 진나라가 적적과 전쟁을 할 때 다섯 가지 이유를 들어서 명분을 말하고 있는데, 『좌전』선공(宣公) 15년에 자세한 기록이 남아 있습니다.

"노자(潞子) 영아(嬰兒)의 부인은 진 경공(晉景公)의 누이인데 풍서(酆舒)가 집정(執政, 재상에 해당)이 되어 노부인(潞夫人)을 죽이고, 또 '노자'의 눈을 상하게 하였다. 진후(晉侯)가 노국(潞國)을 치려 하자, 제 대부가 모두 "안됩니다. 풍서에게는 세 가지 뛰어난 재주가 있으니, 그의 후임자를 기다리는 것만 못합니다"라고 하였다.

백종(伯宗)은 "반드시 노국(潞國)을 토벌하소서. 적인(狄人)에게 다섯가지 죄가 있으니, 뛰어난 재주가 아무리 많은들 무슨 도움이 되겠습니까? 조상의 제사를 지내지 않는 것이 첫 번째 죄이고, 술을 지나치게 즐기는 것이 두 번째 죄이고, 어진 중장(仲章)을 버리고 여씨(黎氏)의 토지를 강탈한 것이 세 번째 죄이고, 우리 백희(伯姬)를 학살한 것이 네 번째 죄이고, 그 임금의 눈을 상하게 한 것이 다섯 번째 죄입니다."

潞子嬰兒之夫人(노자영아지부인), 晉景公之姊也(진경공지자야). 酆舒爲政而殺之(풍서위정이살지), 又傷潞子之目(우상로자지

한자와 중국고대사

목). 晉侯將伐之(진후장벌지), 諸大夫皆曰(제대부개왈), "不可(불가). 酆舒有三儁才(풍서유삼준재), 不如待後之人(불여대후지인)", 伯宗曰(백종왈), "必伐之(필벌지). 狄有五罪(적유오죄), 儁才雖多(준재수다), 何補焉(하보언). 不祀一也(불사일야). 耆酒二也(기주이야). 棄仲章而奪黎氏地三也(기중장이탈여씨지삼야). 虐我伯姬四也(학아백희사야). 傷其君目五也(상기군목오야).

이처럼 진나라는 전쟁을 일으킨 지 두 달 만에 노씨(潞氏)를 멸망시키고, 이듬해에는 갑씨, 유우, 탁진을, 기원전 588년에는 장구여를 멸망시켜 마침내 적적의 모든 세력을 소멸시켰습니다. 춘추 초기 제환공의 패업에도 불구하고 방어에만 급급했던 중원 제후국들은 진나라가 적적 세력을 축출하면서 비로소 안정을 찾게 됩니다. 이로써 춘추 초기부터 80여 년간 중원을 공포로 몰아넣었던 적적은 비로소 역사 속으로 사라집니다.

춘추 후기에는 하북성 일대에 있던 선우(鮮于), 비(肥), 고(鼓) 등의 백적(白狄) 세력이 활동을 했지만 적적처럼 큰 영향력을 행사하지는 못하고, 이후에 진(晉)에 흡수되면서 중원 안에서 활동하던 '적'의 세력은 모두 화하족에 흡수됩니다. 이후 중원에 진출했던 다른 북방 민족들도 이와 비슷한 과정을 밟게 됩니다.

제9장

5호16국 -
선비(鮮卑), 흉노(匈奴),
갈(羯), 강(羌), 저(氐)

본장에서는 5호 16국, 그 중에서도 5호(胡)인 선비(鮮卑), 흉노(匈奴), 갈(羯), 강(羌), 저(氐)에 대해서 살펴보겠습니다.

먼저, 서진 시기의 전도를 통해 당시 이민족 세력이 어떻게 분포되어 있는지 보시면 다음과 같습니다.

서진(西晉)시기 전도[1]

서진 시기에 서진의 북방 지역에는 주로 선비족이 강력한 세력을 펼치고 있었습니다. 춘추 말기부터 시작해서 계속 중원의 제후국들을 괴롭혔던 흉노는 영하회족자치구, 섬서성 일대와 관중(關中) 지역으로 이미 내려와서 흡수되어 있는 상태였는데요. 즉 흉

---

1   譚其驤 주편, 1990, 『중국역사지도집』제3책, 중국지도출판사, 33-34쪽.

노 세력 자체는 예전보다 많이 축소되었지만, 흉노가 있었던 북방 지역에 선비족이 밀고 들어와서 흉노의 옛 땅을 차지했습니다. 그리고 가운데 파란색 지역에는 갈족, 강족, 저족도 흉노와 함께 분포되어 있었습니다. 다만, 북방 이민족들은 유목 생활을 하기 때문에 한 군데만 정착해 있는 것이 아니었고, 계속 이동을 하다 보니 시기 별로 위치가 조금씩 다를 수 있기에 지도에서 표시하는 세력 분포도 약간씩 차이를 보입니다.

9.1 팔왕의 난(八王의 亂)

동한 말기 이후 중국은 위·오·촉의 삼국으로 분열됩니다. 조조가 세웠던 위나라에서는 사마염(司馬炎)이 위의 원제(元帝)로부터 선양을 받아 황제가 되면서 사마씨의 진(晉) 왕조가 시작됩니다. 위나라의 무장 가문이던 사마씨는 사마의(司馬懿)때 위나라 황실의 내분을 틈 타 권력을 손에 쥐었고, 손자 사마염대에 이르러서 결국 황제 자리에 올라 진무제(晉武帝)가 됩니다. 서진(西晉) 왕조는 황실이 약해서 나라를 빼앗긴 위(魏)나라의 전철을 밟지 않기 위해서 왕실 세력 강화를 도모합니다. 지방의 군사들을 해산시키고, 왕자들을 제후로 임명하여 지방에 분산 배치했습니다. 이렇게 해서 주대의 봉건제를 다시 재현하고자 하였는데요, 그러나 이것은 오히려 서진 왕조의 몰락을 가져오는 계기가 됩니다.

진 왕조는 지방 호족 세력들을 완전히 제압하지 못한 상태인 데다가 진무제 사마염의 뒤를 이은 아들 혜제(惠帝) 사마충(司馬衷)은 '백치 황제'라고 불릴 정도로 지능이 낮았습니다. 즉 황제 자리에 오를 만한 인물이 아니었으나, 당시 왕실 외척이던 양준(楊駿)과 태자비 가남풍(賈南風)의 비호로 황제 자리에 오릅니다. 이때부터 백치 황제인 진혜제를 둘러싸고 중국 역사상 전례 없는 최악의 왕실 내분이 발생합니다.

서진 왕조에서는 291년부터 306년까지 16년 동안에 걸친 '팔왕의 난'이 일어납니다. 중국 역사상 전례가 없을 정도로 대규모 반란이 서진 왕조 전역을 휩쓸면서 서진은 종이 호랑이로 전락하게 됩니다. 또 각 제후왕들은 전쟁에서 승리하기 위해 북방의 제족(여러 이족)을 용병으로 고용했는데요. 이로 인하여 북방의 이민족들이 화북 지역으로 쉽게 들어올 수 있도록 문을 활짝 열어젖히게 되는 결과를 초래한 것입니다.

이처럼 중국사의 흐름을 바꾼 '팔왕의 난'의 발단은 바로 백지 황제 혜제와 혜제의 부인인 혜문황후(惠文皇后, 후에 폐위당함) 가남풍 때문이었습니다. 가남풍은 중국 3대 악녀 중 한 명으로 일컬어질 정도로 흉악한 일들을 저질렀는데요. 그녀가 저질렀던 일들이 서진 왕조 멸망의 직접적인 원인으로 작용하기 때문에 후대의 평가가 나쁠 수밖에 없습니다. 『진서(晉書)·후비열전(后妃列傳)』의 기록에 따르면 무제는 가남풍에 대하여 "질투가 심하여 자손이 적을 것이고 용모가 추한 데다가 키가 작고 피부가 검다[種妬而少子 , 醜而短黑(종투이소자, 추이단흑)]."는 다섯 가지 단점을 지적하며 혹평을 하는데요. 그럼에도 불구하고 진무제가 가남풍을 태자비로 들인 이유는 가남풍 부친인 가충(賈充)이 사마씨 가문의 충신이었기 때문입니다. 또, 사마염은 "심성이 잔혹하여 일찍부터 직접 여러 사람을 죽였다[妃性酷虐, 甞手殺數人(비성혹학, 상수살수인)]"라고 하였는데, 이처럼 가남풍은 여러 차례 큰 물의를 빚어 폐위당할 위기까지 처하기도 하였지만, 그때마다 가남풍의 시어머니인 무도 황후(武悼皇后)를 비롯한 외척들의 적극적인 비호로 위기를 넘기게 됩니다.

서기 290년에 결국 사마충이 황제에 즉위하고, 가남풍은 황후가 됩니다. 가남풍은 그전까지 양씨 일족의 비호를 받으면서 그들에게 협조하던 태도였으나, 자신이 황후가 되고 난 후에는 황태후의 아버지 양준이 권력을 쥔 것에 반발해서 비밀리에 초왕(楚王)

사마위(司馬瑋)를 불러들입니다. 그리고 양준을 비롯한 양씨 일족을 일거에 제거하고 권력을 잡게 됩니다. 이때 태자비 때부터 자신의 조력자였던 시어머니 무도황후를 굶겨 죽이는 잔인한 일을 저지르기도 합니다.

양씨 일족이 몰락한 후에 가남풍이 바로 권력을 쥔 것은 아니고 왕실의 가장 연장자였던 여남왕(汝南王) 사마량(司馬亮)이 권력을 잡게 됩니다. 가남풍은 자신이 일을 꾸몄음에도 권력에서 배제되자, 다시 사마위와 결탁합니다. 그리하여 사마량을 핍박하여 자살로 몰아넣고, 바로 사마위마저 제거하고 결국 자신이 고대하던 권력을 틀어쥐게 됩니다. 이후 10년간 전횡을 일삼으며 서진 왕조를 몰락의 길로 인도했습니다.

가남풍은 아이를 낳지 못했습니다. 백치 황제 혜제에게는 후궁과의 사이에 아들이 있었는데요, 매우 총명했습니다. 바로 태자 사마휼(司馬遹)입니다. 사마염이 백치인 자기 아들을 황제로 올린 것은 손자가 똑똑했기 때문입니다. 그러나 서기 300년에 가남풍은 태자 사마휼에게 모반을 이유로 사약을 내립니다. 태자가 이를 거부하자 결국 돌절구로 머리를 찧어서 살해했습니다. 이 사건으로 인하여 가남풍은 황실의 공분을 사게 되고, 결국 가남풍을 파멸로 모는 결정타가 됩니다. 301년에 가남풍의 도를 넘은 악행을 이유로 무제의 숙부인 조왕(趙王) 사마륜(司馬倫)이 거병하여 가남 풍을 제거하고, 혜제를 폐위한 후 스스로 황제에 즉위합니다.

八王의 분봉 지역[2]

위 지도는 팔왕의 난에 참여한 팔왕이 분봉된 지역입니다. 진 무제가 죽고 외척 양씨 세력이 몰락한 후, 처음에는 여남왕 사마 량이 권력을 잡았지만 곧 제거되었고, 가남풍을 제거한 뒤에는 조 왕(赵王) 사마륜이 스스로 황제에 올라 권력을 손에 쥐게 됩니다.

이처럼 사마륜이 혜제를 쫓아내고 자신이 황제가 되자 이에 반 발한 제왕(齊王) 사마경(司馬冏)의 주도로 성도왕(成都王) 사마영(司

---

2   https://www.163.com/dy/article/HQ6KQPHT055616D8.html

馬穎), 하간왕(河間王) 사마옹(司馬顒)이 들고 일어나 사마륜을 죽이고 혜제를 복위시킨 후, 사마경이 정권을 독차지하게 됩니다. 그러자 이에 불만을 품은 장사왕(長沙王) 사마예(司馬乂)가 거병했고 권력에서 배제된 사마옹과 사마영이 동조하여 사마경을 살해했습니다. 그 후, 사마예가 혼자 권력을 독차지하자, 이에 격분한 사마옹과 사마영은 다시 사마예를 공격했고 동해왕 사마월(司馬越)도 이에 동참하여 사마예를 죽이게 됩니다. 그런데 사마영이 먼저 서진의 수도인 낙양성으로 들어와서 승상의 자리에 올라 권력을 쥐자, 불만을 품은 사마월은 다시 거병하여 사마영을 공격합니다. 곤경에 빠진 사마영은 혜제를 데리고 장안에 있던 사마옹에게 가서 의탁했고, 이때부터 또 다시 사마옹이 권력을 장악했습니다. 306년에 혜제가 죽은 뒤 사마월은 권력을 쥐고 있던 사마옹을 제거하고 진무제의 25남이던 예장왕(預章王) 사마치(司馬熾)를 황제로 옹립하는데요, 그가 바로 3대 황제 회제(懷帝)입니다. 이로써 장장 16년간 이어졌던 팔왕의 난이 막을 내립니다.

백치 황제를 허수아비로 세우고 권력을 차지하기 위해 16년간 계속된 서진 왕실의 권력 투쟁은 가남풍이 불을 붙이고, 사마량, 사마위, 사마륜, 사마경, 사마예, 사마영, 사마옹, 사마월로 이어지게 되면서 서진 왕조를 초토화시켰습니다. 팔왕의 난이 종식되면서 권력 투쟁은 잦아들었지만 서진 왕조는 사실상 이미 왕조로서의 기능은 거의 상실한 상태로 전락하게 됩니다. 팔왕의 난이 끝난 이후에 각지의 제왕들은 부족한 병력을 충당하기 위해서 선비족이나 흉노족을 비롯한 북방의 이민족들을 용병으로 고용하여 전쟁에 나섰는데요. 이를 계기로 이민족들은 서진 왕조의 허약함을 알게 되고, 본격적으로 중원으로 진출하게 됩니다. 팔왕의 난으로 만신창이가 된 서진 왕조가 막강한 무력을 보유하고 중원으로 들어오는 이민족들을 막아내기에는 역부족이었습니다.

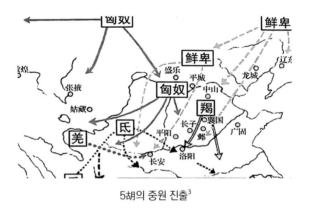

5胡의 중원 진출[3]

---

3   https://baijiahao.baidu.com/s?id=17246203396349810 36

흉노는 원래 고비사막의 북쪽에 있었는데 전국 시대부터 점차 남하하여 서진 시기에는 섬서성, 산서성 일대까지 활동 영역을 넓혔습니다. 또한 동북 지역에 있던 선비족은 흉노가 남하하자 그 자리를 대신하면서 중원으로 남하했습니다. 흉노의 별종이라는 취급을 받는 갈족을 비롯 강족, 저족 역시 각자의 세력을 넓히면서 중원 진출의 기회를 엿보고 있었습니다.

9.2 영가(永嘉)의 난과 서진의 멸망

후한 말기부터 남흉노, 오환(烏桓)을 비롯한 다수의 북방 종족들이 한 왕조에 복속하면서 중원으로 이주했습니다. 역대 왕조는 이민족들의 변경 침입을 방어하기 위해서 이들에게 자치권을 부여하고 변방에 거주하도록 하는 회유책을 사용했습니다. 이후 시간이 지나면서 중원에 들어온 이민족들도 상당한 정도로 한화(漢化)되었는데요. 특히 이민족을 이끌었던 흉노 수장들은 한 왕조의 성씨인 유(劉)씨를 사용하며 중국식 이름을 갖게 되었고, 흉노 부족도 한족과 마찬가지로 정치제도를 5부로 개편했습니다.

서진은 동북 변경 지역에 이민족의 침입이 늘어나자, 흉노인들에게 토지를 주고 회유하는 정책을 시행했습니다. 팔왕의 난이 한창 격화되었을 때, 성도(成都)왕 사마영은 당시 산서성 일대의 흉노 부족을 이끌던 유연(劉淵)에게 도움을 청하고 흉노 세력을 끌어들였습니다. 유연이 이를 받아들여 팔왕의 난에 동원되어 참여함으로써 5호의 화북 진출이 본격화되기 시작합니다.

유연은 팔왕의 난을 통하여 서진 왕조의 허약함을 속속들이 알게 되었고, 304년에 흉노의 '대선우(흉노의 우두머리 명칭)'로 추대된 이후에 본격적으로 자립의 행보를 시작합니다. 먼저 자신을 중원에 끌어들였던 사마영부터 공격한 다음, 본거지였던 산서성을 근거지로 하여 나라를 세웁니다. 유연은 자신이 유씨임을 들어 한 왕조의 뒤를 잇는다는 명분을 내세워 국호를 '한(漢, 후에 전조(前趙)로 개명)'이라고 정합니다. 이때 서진은 사실상 껍데기만 남은 상태여서 이러한 이민족의 반란에 무력할 수밖에 없었습니다.

310년, 유연이 사망한 뒤 아들 유화(劉和)가 뒤를 이었지만, 유연의 오른팔이었던 넷째 아들 유총(劉聰)이 실권을 장악하고는 유화를 죽이고 스스로 황제 자리에 오릅니다. 유총은 흉노의 별종인 갈(羯)족 출신의 석륵(石勒) 등을 동원하여 빠르게 세력을 확장해 나갔습니다. 그리고 311년에는 석륵, 왕미(王彌), 유요(劉曜) 등에게 명해서 서진의 수도 낙양을 공격했습니다. 한의 군대는 영평성

(寧平城) 전투에서 서진의 주력군을 격파한 후 낙양을 점령해 버리는데, 서진의 황제 회제(懷帝)를 비롯하여 10만이 넘는 한인을 포로로 잡거나 사살했습니다. 이로써 서진 왕조는 사실상 멸망한 것이나 다름없는 상태가 되었습니다. 이때 회제의 연호가 영가(永嘉)였기 때문에 이를 '영가의 난(永嘉之亂)'이라고 부릅니다. 이후 313년에 포로로 잡혀 있던 회제가 처형당한 뒤, 사마염의 손자인 사마업(司馬鄴)이 13세의 나이로 장안에서 황제에 등극했는데요. 그가 바로 서진의 마지막 황제인 민제(愍帝)입니다. 316년에 유요가 장안을 포위하자 민제가 항복하고 포로가 되면서 서진 왕조는 공식적으로 멸망하게 됩니다. 민제는 당시 유연이 세웠던 한(漢)의 수도였던 평양(平陽, 산서성 린펀(臨汾))으로 끌려가서 온갖 수모를 당하다가 불과 18세의 나이에 처형당합니다. 당시 낙양과 장안이 거의 폐허로 변했는데, 간신히 살아남은 서진 왕실의 일족들은 남쪽으로 탈출하여 전란을 피했습니다.

317년, 진무제의 조카인 낭야왕(琅邪王) 사마예(司馬睿)가 건업(建鄴, 지금의 난징)에서 황제로 즉위하면서 진 왕조를 이어갔습니다. 이때부터 동진(東晉) 왕조가 시작되는데, 앞서 멸망한 진과 구별하기 위해서 서진, 동진으로 부르는 것입니다. 동진 왕조는 양쯔강 이남을 기반으로 하여 420년부터 113년 동안 존속했습니다.

이후에는 동진의 권신(權臣) 귀족들이 동진에 이어 송(宋), 제(濟), 양(梁), 진(陳)을 세우며 북방의 5호가 세운 국가들과 대립하는 남북조 시대가 이어지게 됩니다. 남북조 시대에는 북방에서 전란을 피해서 남쪽으로 대거 이주하게 되면서 양쯔강 이남의 개발을 촉진하게 됩니다. 전란을 피하기 위한 이주는 춘추 전국 시대에도 있었습니다. 그러나 진대부터는 특히 대규모로 이주가 진행되면서 본격적인 강남 개발이 이루어지게 되지요.

황하 유역으로부터 양쯔강 이남으로 이주해 온 한족들이 늘어나면서 당연히 토착민들과 마찰을 빚기도 했습니다. 일부 지역에서는 이주민들이 토착민들로부터 자신들을 방어하기 위해서 자체적으로 방어의 기능을 갖춘 공동주택 토루(土樓)를 짓고 거주했습니다. 이렇게 집단으로 거주하며 북방으로부터 이어진 자신들의 문화를 고수했는데요, 바로 이들을 '객가(客家)'라고 부릅니다. 객가는 자신들의 고유한 문화와 언어를 잘 보존했습니다. 현재, 대다수 화교가 객가 출신이라고 합니다. 다음 사진은 복건성 객가족의 초계토루(初溪土樓)입니다.

복건성 장저우시(漳州市)의 토루[4]

　객가의 토루는 유네스코 세계문화유산에도 등재될 정도로 매우 독특한 양식입니다. 여러 채의 집이 하나의 군락을 이루고 있는데요, 중국 건축에서 원형 주거 형태는 거의 볼 수 없지만 토루는 특이하게 둥근 형태로 건축되었습니다. 이는 방어를 위해 원형으로 사방을 둘러쌓은 것으로 보입니다. 또한 창문이 거의 보이지 않는데, 위에 작게 낸 창문은 밖의 정황을 살피거나 화살을 쏠 수 있을 만큼의 작은 크기였으며, 출입문도 한 두 개만 만들어서 출입을 통제했습니다.

4　https://commons.wikimedia.org/wiki/File:%E7%A6%8F%E5%BB%BA%
E5%9C%9F%E6%A8%93%E4%B9%8B%E7%B6%93%E5%85%B8%E2%80
%9C%E5%9B%9B%E8%8F%9C%E4%B8%80%E6%B1%A4%E2%80%9D%E
F%BC%88%E7%94%B0%E8%9E%BA%E5%9D%91%E5%9C%9F%E6%A8%
93%E7%BE%A4%EF%BC%89_-_panoramio.jpg

토루(土樓)의 내부[5]

위 사진은 토루 내부의 모습입니다. 보통 3, 4층으로 이루어져 있고, 가운데에는 사당을 모시거나, 공동으로 교육을 하는 장소로 활용했습니다.

객가는 중국 내에서도 매우 독특한 지위를 차지하고 있는데요. 자신들만의 고유 문화, 언어를 잘 보존하고 있을 뿐만 아니라, 또 해외 진출도 활발해서 대다수 화교가 객가 출신으로 알려져 있습니다. 특히 동남아시아 화교의 90% 이상이 객가 출신입니다. 또

---

5   https://commons.wikimedia.org/wiki/File:%E4%BA%8C%E5%AE%9C%E6%A5%BC%E5%86%85_-_Interior_of_Eryi_Lou_-_2013.11_-_panoramio.jpg

한자와 중국고대사

한 객가 출신은 정치 및 경제 방면에서도 뛰어난 역량을 발휘하며 많은 유명 인사들을 배출했습니다. 중국의 전 주석 덩샤오핑(鄧小平), 타이완의 전 총통 리덩후이(李登輝), 싱가포르의 국부라고 불리는 리콴유(李光燿) 등이 객가 출신으로 알려져 있습니다. 또한 현재 객가인들이 사용하는 객가어(客家語)는 중국 7대 방언 중의 하나이며, 객가어를 사용하는 인구는 중국 내에서 대략 3,500만 명 정도로 추산되고 있습니다.

9.3 5호 16국(5胡 16國) 시대

서진 왕조가 멸망한 후에 화북 지역은 중원으로 쏟아져 들어오는 이민족들의 각축장으로 변했습니다. 여기에 화북지역의 한족들은 전란을 피해 양쯔강 이남, 강남으로 이주해 나가면서 화북지역은 텅텅 비게 됩니다. 인구가 격감하여 텅 빈 화북 지역에 북방의 이민족들이 쏟아져 들어온 것인데요. 북방의 유목민들이 중국에 투항하거나 포로로 잡혀서 중원에서 생활하며 중국에 동화된 사례들은 예전에도 있었습니다만, 서진으로부터 5호 16국 시대를 거쳐서 581년에 수나라가 통일하기까지 이어지는 이 시기는 춘추 전국 시대에 이어서 중국 역사에서 두 번째로 진행된 대규모 장기간의 분열 시기였습니다.

춘추 전국 시대를 거치면서 화하족과 중원에 진출한 융(戎), 적(狄), 만(蠻), 이(夷)의 대규모 융합이 진행되면서 한족의 기초를 형성했습니다. 후한이 망한 220년부터 수가 통일하는 581년까지 장장 360년간 지속된 5호 16국 시기에는 소위 5호로 통칭되는 '선비, 흉노, 갈, 강, 저'족이 화북 지역에 대거 진출하면서 한족의 일부로 편입되었고, 북방에서 대거 양자강 이남으로 이주해간 화북 지역의 한족과 남방의 토착민들이 어우러지면서 현대 중국인의 원형을 일부 완성하게 됩니다. 그 이후에는 송대 화북지역을 지배했던 요를 세운 거란족, 금을 세운 여진족, 중원 전체를 지배한 원 왕조의 몽골족, 그리고 청 왕조의 만주족이 더해지면서 현재 중국 민족의 모습을 갖추게 되었습니다.

북방의 이민족을 흔히 '호(胡)'로 부르는데요, '호'는 전국 시대부터 북방 민족들을 나타낼 때 사용하기 시작한 글자입니다. 현재의 '호'자는 '古(고)'와 '月(월)'이 좌우 결합된 형태입니다. 그러나 '古(고)'와 '月(월)'이 상하 결합된 형태도 드물지만 보이기도 합니다. 아래는 '호'의 변화 과정을 나타낸 것입니다.

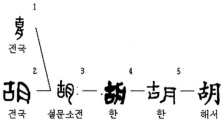

호(胡)자의 변천 과정

   '호'가 처음 등장한 전국 시대에는 위에 '古'자가 있고 밑에 '月'자가 결합한 형태로도 쓰였습니다. 이러한 형태는 수호지진간(睡虎地秦簡)[6]에서의 '肑'와 형태가 유사합니다. '肑'의 고자(古字) 형태도 胡와 마찬가지로 아래에 古자, 위에 月자가 결합하여, 언뜻봐서는 같아 보일 정도로 비슷한 형태입니다.『한자대자전』에 肑자의 중국어 발음은 gǔ로 제시되어 있으며, 또한『광운(廣韻)』에서는 "肑자의 음은 股(넓적다리 고)와 같다[肑, 公戶切 , 音古, 同股(공호절, 음고, 동고)]"고 하였습니다. '호'자의 본뜻은 새나 짐승의 목 아래 늘어진 살을 뜻하는데요.『설문』에서는 "호는 소의 턱 밑에 늘어진 살이다[胡 , 牛顄垂也。从肉 , 古聲(호, 우함수야. 종육, 고성)]."

---

6   수호지진간(睡虎地秦簡)은 1975년 호북성 문봉현 수호지 일대 무덤에서 출토된 진나라의 목간입니다.

라고 하였으며, 『주례·고공기서(考工記序)』에서는 "호는 활과 수레가 없다[胡無弓車]." 라고 하였는데요. 정현 주에서는 "호는 지금의 흉노이다[胡 , 今匈奴]"라고 하였습니다. 그러나 초지를 찾아서 수레에 가재도구를 싣고 늘 이동하면서 생활하고, 또 전투에서는 말을 타고 활을 쏘고 싸우는 흉노족에게 활과 수레가 없다는 것은 이상합니다. 그래서 이 기록은 지나친 비하의 표현으로 사실과 다른 표현이라고 할 수 있습니다.

그럼 5호 16국 시대에 화북지역을 지배했던 5호에 대하여 알아보겠습니다. '5호'는 서진 왕조부터 수 왕조에 이르기까지 화북지역에서 활약했던 선비(鮮卑), 흉노(匈奴), 갈(羯), 강(羌), 저(氐)의 다섯 민족을 가리킵니다. 5호 16국 시대 때 5호가 세운 국가를 살펴보면 아래와 같습니다.

① 흉노: 전조(前趙), 북량(北凉), 하(夏)
② 선비: 전연(前燕), 후연(後燕), 남연(南燕), 남량(南凉), 서진(西秦), 북위(北魏)
③ 갈: 후조(後趙)
④ 강: 후진(後秦)
⑤ 저: 성한(成漢), 전진(前秦), 후량(後凉)

한자와 중국고대사

⑥ 한족: 전량(前涼), 서량(西涼), 북연(北燕)

※이외에 '서연(西燕)', '대(代)'와 같은 작은 국가들도 있었으나 16국에서는 제외됨

전조(前趙)는 유연이 세운 한나라로 나중에 '조'라고 국호를 바꾸는데, 갈(羯)의 석륵(石勒)이 세운 '조'와 구별하기 위해 '전조', '후조'로 구별하여 부릅니다. 이처럼 많은 나라들이 세워졌지만 이들은 짧으면 10여 년, 길어야 50-60년 지속되다가 망하는 과정이 반복됩니다. 선비족이 386년에 북위(北魏)를 세운 뒤 439년에 북량 [7]을 멸망시키고 화북 지역을 통일함으로써 비로소 16국 시대를 끝내고 북조 시대로 들어가게 됩니다. '남북조'에서 '북조'는 곧 선비족의 북위가 화북지역을 통일한 때부터 시작되는 것입니다.

5호 중에서 가장 먼저 나라를 세운 민족은 흉노(匈奴)였습니다. 흉노는 한(漢, 후에 前趙로 개명), 북량(北涼), 하(夏) 이렇게 세 나라를 세웁니다. 흉노는 대략 춘추 말기부터 활약하기 시작했는데 전국시대를 거치면서 강성해져서 한 왕조 때는 한 고조를 백등산에서

---

7 397년에 감숙성 노수(盧水) 일대를 기반으로 하는 흉노 계통의 노수호(盧水胡) 부족 출신 저거몽손(沮渠蒙遜)이 세운 나라로 북위의 태무제(太武帝)에게 멸망당했습니다.

포위하여 곤욕을 치르게 하였던 유서 깊은 북방 민족이지요. 서진 시대에 와서는 세력이 예전만 못하다고 하지만 흉노는 여전히 무시할 수 없는 역량을 가지고 있었습니다. 앞서 살펴 본 것처럼 서진 왕조를 멸망시킨 것도 흉노였고, 가장 먼저 자신의 나라를 세운 것도 바로 산서성 일대에서 유연이 이끌던 이끌던 흉노였습니다.

흉노의 '흉(匈)'자는 전국 시대부터 쓰이기 시작했으며, 본 뜻은 가슴(胸)입니다. 『설문』에서는 '흉'자의 소전체가 보이지 않습니다. 다만 '흉'자가 전국시기의 문헌에서 자주 등장하고 '흉'의 이체자인 '臀(가슴 흉)'자가 전국 시기 초나라 목간에서 발견된 점을 감안해 볼 때 흉자는 그 이전에 만들어졌을 것으로 추정됩니다.

흉자의 형태 변화는 다음과 같습니다.

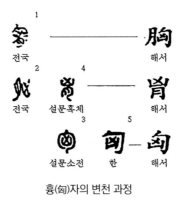

흉(匈)자의 변천 과정

‘흉’은 『설문』에서는 전서체가 보이지 않습니다. 다만 ‘凶’의 이체자인 ‘胸’과 ‘𦙈’자가 전국시기 초의 목간에서 발견되었습니다. 또 ‘匈’자는 전국시기의 문헌에서 자주 보이고 있기 때문에, ‘胸’, “𦙈”자 이전에 만들어져서 사용했을 것으로 추정됩니다.

‘노(奴)’자는 서주 금문에서 처음 보이기 시작하는데요. ‘손으로 여자를 잡아서 노예로 삼다’는 뜻을 나타냅니다.

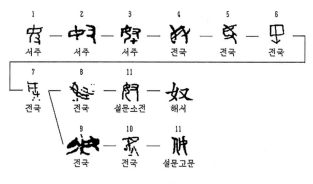

노(奴)자의 변천 과정

‘노’자를 보면 왼쪽은 여자의 모습을 나타냈고, 오른쪽에 손 모양을 나타냈습니다. 전국 시대 삼진(三晉, 한, 위, 조) 계통의 글자에서는 ‘女’자를 생략하거나 간략하게 나타낸 형태도 보입니다.

동한 말부터 비옥한 관중(關中) 지역에는 흉노를 비롯한 북방 계통의 호(胡)인들이 많이 유입되어 한인과 섞여 살고 있었습니다. 『사서』에서는 당시의 상황을 "관중의 인구가 백여 만인데 융적이 절반이나 되고, 한인과 흉노가 섞여서 살고 있다[關中人口百餘萬, 戎狄居半, 漢匈雜居, 관중인구백여만, 융적거반, 한흉잡거)]."[8]고 기록하고 있습니다.

304년에 흉노의 수장 유연(劉淵)이 세운 한(漢)은 서진을 멸망시킨 후, 세력을 넓히면서 곧 화북 지역에서 가장 큰 세력을 가진 국가로 부상하게 됩니다. 310년에 유연이 죽고 장남인 유화가 뒤를 이었으나 곧 그의 아우 유총(劉聰)에게 살해되고 유총이 제위에 오릅니다. 318년에 유총이 죽고 태자 유찬(劉粲)이 즉위하는데요, 곧 왕실의 외척이었던 근준(靳準)이 권력을 장학한 후 정변을 일으켜 유씨 왕족들을 제거한 뒤 스스로 황제로 즉위했습니다. 그러자 진왕(秦王) 유요(劉曜)가 석륵(石勒)과 함께 토벌군을 이끌고 근준의 난을 평정한 뒤 황제로 즉위합니다. 그 이듬해인 319년에 유요는 국호를 '한'에서 '조(趙)'로 바꿨는데, 함께 난을 평정했던 갈족 출신의 석륵도 독립하여 조(趙)를 세웁니다. 이로써 한(漢)은 유

---

8   『진서(晉書)·강통열전(江統列傳)』. 江統은 서진시기의 인물로 그의 저서『사융론(徙戎論)』에서 북방의 융적과 한인 간의 충돌을 막기 위해 융적을 다른 지역으로 이주시킬 것을 주장했습니다.

한자와 중국고대사

요의 '전조(前趙)'와 갈(羯)족 출신인 석륵의 '후조(後趙)'로 나누어 지게 됩니다. 이후 328년에 후조의 군대가 낙양을 점령하면서 유요를 포로로 잡게 됩니다. 투항을 거부하던 유요는 이듬해 정월에 처형되고 같은 해 9월에 진주(秦州)의 상규(上邽, 지금의 감숙성 天水市 淸水縣)으로 도피하여 저항하던 '전조'의 태자 유희(劉熙)마저 후조 군에 살해되면서 유연이 세운 한은 공식적으로 멸망하게 됩니다. 흉노가 세운 국가는 407년에 남흉노의 일파인 혁련발발(赫連勃勃)이 섬서성 북부를 근거지로 하여 '夏'를 건국했습니다. 한때는 감숙성 일대까지 세력을 확장했으나 혁련발발이 죽은 뒤 세력이 약해져서 431년에 선비족이 세운 북위의 3대 황제 태무제(太武帝)의 공격을 받고 24년 만에 멸망하게 됩니다.

갈(羯)족은 흉노에서 갈라져 나온 흉노의 별종으로 알려져 있습니다. 그 기원은 대월지가 흉노의 압박을 받고, 서쪽으로 이주해 갈 때 따라 가지 않고 그대로 남아서 흉노에 복속되었던 소월지(小月支)로 보고 있습니다. 이와 관련하여 『진서(晋书)』에서는 "석륵의 자는 세룡이며 그 선조는 흉노 별부인 강거(羌渠)의 후손이다[石勒字世龍, 其先匈奴別部羌渠之冑."(석륵자세룡, 기선흉노별부강거지주)]." ('冑'는 '후손'의 뜻)라고 기록했는데요. 갈족이 흉노 19부족의 하나인 '강거(羌渠)'의 후예임을 밝히고 있습니다. '강거'가 어떤 종족인지에 대해 일부에서는 한대의 강거(康居)의 다른 표기일 것으로 추측하기도 하지만, 지금까지 여러 설만 난무할 뿐 아직 확실히 밝혀지지 않은 상태입니다.

후조(後趙)는 한때 양쯔강 이북의 화북지역 대부분을 차지할 만큼 위세를 떨쳤지만, 석륵의 뒤를 이은 석호(石虎)가 사망한 뒤에 왕실 내부의 권력 투쟁으로 국세가 급격하게 기울게 됩니다. 이후 한인 염민(冉閔)이 제위를 찬탈하면서 불과 30여 년만에 멸망하게 됩니다.

다음으로 살펴 볼 저(氐)족은 강(羌)족과 밀접한 관계가 있었을 것으로 추정되며 다른 북방 민족들과 달리 주로 농경에 종사했던 것으로 보입니다. 5호 저족은 전진(前秦), 성한(成漢), 후량(後凉)의 세 나라를 세웠는데요. 이 중 특히 전진의 세력이 강력하여 한때 화북 지역을 통일하고 동진 왕조와 자웅을 겨루기도 할 정도였습니다.

351년, 저족의 수장 부건(苻健)이 장안에서 독립하여 진(秦)을 세우는데요. 나중에 강족이 세운 秦과 구별하기 위하여 '전진(前秦)', '후진(後秦)'으로 구분한 것입니다. 전진은 3대 황제 부견(苻堅)대에 이르러서 화북 지역을 통일할 정도로 위세가 대단했지만 383년에 동진 정벌에 나섰다가 동진의 사현(謝玄)에게 비수(淝水)

의 전투에서 대패한 후 국력이 크게 기울게 됩니다. 잠시 통일된 화북 지역은 다시 혼란에 빠지게 되었고, 전진은 394년에 강족의 요장(姚萇)이 세운 후진에게 멸망하게 됩니다. '전진'을 멸망시킨 '후진'을 세운 강(羌)족은 티베트계에 속하며 상대부터 활약한 유서깊은 종족입니다. 현재 중국의 소수민족 중 하나인 강족은 바로 이들의 후예로 지금도 약 30만 명 정도가 남아있습니다.

'강'자의 변화 과정을 살펴보면 다음과 같습니다.

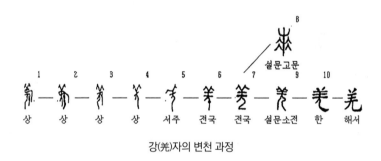

강(羌)자의 변천 과정

'羌'자는 양 머리 모습의 상형 글자에서 유래됩니다. 그런데 갈족의 '羯(갈)'자에도 좌변에 '羊(양)'자가 있고, '羌', '姜' 역시 마찬가지로 '羊'을 포함하고 있습니다. 이로 미루어, 이들의 조상들은 양을 토템으로 삼았거나 중시했다는 것을 알 수 있으며, 후대에는 강인, 갈인으로 구별되지만 원래는 같은 종족이었을 것으로 추정됩니다.

5호 16국 시대에서 가장 강력한 국가를 건립했던 북방 민족은 선비족(鮮卑族)인데요, 5호16국, 남북조 시대의 주역이었습니다. 선비족의 기원은 후룬호내몽골 동북쪽의 대흥안령산맥에서 기원했다고 알려져 있습니다. 문헌 기록에서는 선비의 기원을 전국 시대 때 활동했던 동호(東胡)로 보는 견해가 가장 많은데요. 『사기집회(史記集解)』에서는 동한 복건(服虔)의 말을 인용하여 '산융(山戎)'을 선비의 기원으로 추정했는데, "산융, 북적은 대개 지금의 선비이다[山戎, 北狄, 盖今鮮卑]."라고 기록했습니다. 산융과 북적이 활동하던 지역에서 동한 시대에는 선비가 활동하고 있었기에 당시의 사람들은 자연스럽게 선비를 산융, 북적의 후손으로 여겼을 것입니다.

잠시 선비의 '鮮' 자를 살펴보겠습니다.

선(鮮)자의 변천 과정

'선'자에서 흥미로운 점은 물고기(魚)와 양(羊)을 합친 상형문자라는 점인데요. 『설문』에서는 '선'자가 원래 물고기 이름을 가리키고 맥(貊)국에서 난다고 기록했습니다.[9]

다음으로 '卑(비)'자 형태 변화 과정을 살펴보겠습니다.

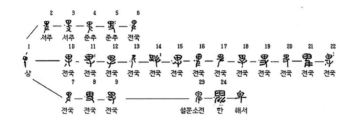

비(卑)자의 변천 과정

'비'자 상부의 모습은 원형의 물건, 하부는 손으로 되어 있는데, 여기에는 두 가지 해석이 있습니다. 혹자는 술을 따를 때 윗사람, 존경하는 사람에게 자신을 낮추면서 공손하게 바치는 모습을 형상화한 것으로, 이로부터 '비천하다'의 뜻이 나왔다고 해석합니다. 다른 한편에서는 윗부분이 추나 망치를 나타내는 것으로 해석하는데, 추나 망치와 같은 공구를 사용하는 계층은 보통 지위가

---

9   "魚名. 出貊國. 从魚, 羴省聲.(어명. 출맥국. 종성성)"

낮기 때문에 신분이나 지위가 낮다는 의미를 나타낸다고 보고 있습니다.

선비족은 2세기 후반에 단석괴(檀石槐)가 선비족을 통일하면서 세력을 키우기 시작했습니다. 단석괴 사후에 다시 분열되어 있다가 '8왕의 난'을 기회로 삼아 탁발부(拓跋部)가 세력을 키워 북위(北魏) 왕조를 건립하고 결국 화북지역을 통일했습니다. 1960년대 내몽고자치구의 가장 동북쪽 끝에 있는 후룬베이얼[呼倫貝尔 Hūlúnbèièr]시에서 동한 초기에 해당하는 탁발선비족(拓跋鮮卑族)의 무덤군이 발굴되어 선비족의 초기 역사에 관한 많은 사실들이 알려지기 사작했습니다.

1980년에는 내몽골자치구의 어룬춘[鄂倫春, èlúnchūn]족 자치구역인 어룬춘자치기(自治旗)의 '알선동(嘎仙洞, gāxiāndòng, 嘎仙은 중국 동북지역의 소수민족 錫伯(석백)족의 언어로 '부락, 고향'을 의미))'에서 북위의 태무제(太武帝) 탁발도(拓跋燾)가 중서시랑(中書侍郞) 이창(李敞)을 파견하여 탁발씨의 시조에게 제를 올린 축문(祝文)의 석각(石刻)이 발견됨으로써 탁발부 선비족의 발상지가 이 부분이었을 것으로 추정합니다. 3세기부터 탁발부는 내몽고 지역으로 진출했고 이들을 변경 방어에 이용하려는 서진은 315년에 '탁발의로(拓跋猗盧)'를 대왕(代王)에 임명했습니다. 376년에 탁발십익건

(拓跋什翼犍)이 저(氐)족이 세운 전진(前秦)의 부견(符堅)이 보낸 20 만의 전진(前秦)군에게 패배하면서 와해 직전의 위기를 맞기도 하였습니다. 그러나 그의 손자 탁발규(拓跋珪)에 이르러 전진이 동진과의 '비수(淝水)의 전투'에서 패배하자, 그 기회를 이용하여 탁발부를 재정비하고 나라를 세웠습니다. 탁발규는 국호를 '위(魏)'로 정하고 스스로 황제에 즉위했는데요, 이것이 바로 남북조 시대의 주역 북위의 시작입니다. 탁발규는 빠르게 세력을 확장하여 후연(後燕)을 격파한 후 395년에는 산서성의 대동(大同)으로 도읍을 옮겼습니다.

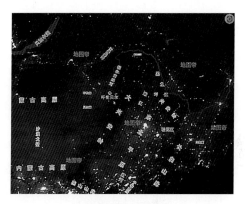

후룬호와 후룬베이얼[10]

---

10   https://app.bjtitle.com/8816/newshow.php?newsid=5891074&typeid

위 지도 중간에 후룬베이얼(呼倫貝尔)시가 보이고, 왼쪽이 후룬(呼倫) 호수입니다. 바로 이 근처에서 앞서 언급했던 축문 석각이 발견됨으로써, 선비족의 발상지를 이곳으로 추정하게 되었습니다.

이후 위는 지속적으로 세력을 확장하여 431년에는 '하(夏)'를 공격하여 멸망시키고, 436년에는 북연, 439년에는 감숙성의 북량을 멸망시킴으로써 화북지역의 통일을 완성합니다. 이후 북위 왕조는 한화를 가속화시켰는데 특히 탁발굉(拓跋宏) 효문제(孝文帝)가 즉위한 후, 493년에 낙양으로 천도하고 선비족의 성씨를 중국식 성씨로 고치는 등 한화 정책을 가속화했습니다.

북위는 후에 선비족 무장들이 득세하게 되는데 우문태(宇文泰)와 고환(高歡)의 대립이 격화되면서 결국 534년에 고환의 동위(東魏)와 우문태의 서위(西魏)로 분열되었습니다. 동위는 550년에 국호를 북제(北齊)로 고쳤고, 서위에서는 우문각(宇文覺)이 공제(恭帝)로부터 선양을 받아 북주(北周)를 건국합니다. 577년에 북주의 무제가 북제를 무너뜨리고 다시 화북 지역을 통일했습니다. 581년에는 남조의 陳까지 멸망시키면서 5호 16국, 남북조의 혼란과 분열을 종식시키게 됩니다. 이처럼 장기간의 정치적 혼란과 분열

=99&uid=1&did=&mood=

이 이어지면서 많은 북방 민족들이 중원에 진입하여 한족과 섞이게 되었는데요. 이들의 공통점은 한때는 화북지역을 제패하는 국가를 건설하기도 하였지만, 결국 모두 '한화'의 길을 밟게 됩니다. '설사 일시적으로 오랑캐가 무력을 앞세워 중원에 들어오더라도 결국은 중국이라는 거대한 바다에 빠져 중국의 일부가 된다'는 것을 중국인들은 이러한 역사적 사실을 통해 경험했기 때문에, 이후 다른 북방민족들이 중원으로 진출했을 때도 긴 시간을 두고 인내하며 견디는 길을 택하게 됩니다. 그리고 이러한 동화 정책은 오늘날 중국 내의 소수민족들에게 그대로 적용되고 있다고 할 수 있겠습니다.

제10장

중국의 주요 성씨

고대 중국에서 발생한 각종 제도는 주변 국가로 널리 전파되어 각 분야에 영향을 주었습니다. 일부는 오늘날까지도 계승되어 전통 문화의 뿌리를 형성하고 있는데요, 그중에서도 성씨는 중국으로부터 많은 영향을 받아 지금까지 우리 문화와 생활에서 영향력을 발휘하고 있습니다.

　　서양과 달리 우리는 성씨(family name)를 먼저 쓰고, 이름(given name)을 뒤에 쓰는 방식을 취하지요. 한자 문화권 국가에서는 대체로 그러합니다. 주소를 표기할 때도 국가, 도/특별시/광역시, 시/군/구, 읍/면/동, 도로명과 같이 큰 단위에서 작은 단위의 순서로 표기하는데요, 이는 국가를 마지막에 표기하는 서양과 정반대입니다. 이러한 사실은 우리에게 자연스러운 것이라 전혀 의문을 갖지 않지만, 이는 사물에 대한 동서양의 기본적인 인식의 차이, 문화의 차이에서 비롯된 것입니다. 개인을 중심으로 생각하는 서구 사회 문화와 개인보다는 국가와 공동체 사회를 먼저 고려하는 동양식 사고의 차이가 반영되어 이름 및 주소의 표기에서 이처럼 다르게 나타납니다. 그래서 이름에서 성이 앞에 오고, 개인의 이름을 성 뒤에 둔 것은 이름보다 성을 더 중시한, 즉 개인보다는 집단을 우선시하는 동양적 사고 방식에서 비롯된 것입니다. 이러한 논리는 유가적 윤리를 이야기할 때 더 두드러지는데요, '충', '효'

와 같은 두 윤리 덕목이 서로 충돌할 경우, 우리는 무엇을 더 우선시하지요? 예컨대, 노부모를 봉양하는 아들이 국가의 부름을 받고 전장으로 가는 경우와 같이, 유가적 관점에서는 '효'의 확대를 '충'으로 해석하면서 개별적 덕목에 해당하는 '효'보다 자신이 속한 집단, 곧 국가에 대한 '충'을 더 우선시한다는 사실을 알 수 있습니다.

성씨를 이야기할 때 무심코 지나치는 사실이 있습니다. 상대방의 이름을 물을 때 중국어에서는 "你叫什么名字?(당신의 이름은 무엇입니까?)"와 같은 직접적인 표현 외에도, "您贵姓" 또는 "你姓什么"(성이 무엇입니까?) 라는 정중한 표현을 쓰기도 합니다. 이에 "我姓○"이라고 대답하는데요, 이처럼 질문과 대답에서 모두 '성(姓)'자로 표현합니다. 그러나 우리나라의 경우에는 "성이 어떻게 되세요?"라는 물음에 "저는 ○씨입니다." 또는 "(본관)○씨입니다"와 같이 본관까지 붙여 친절하게 대답하지요. 여기에서 드는 생각이 분명 묻는 사람은 '성'을 물었는데, 대답하는 사람은 왜 '씨'로 답할까?라는 점입니다. 예컨대, 성을 물어본다고 해서 "나는 ○성입니다" 라고 대답하지 않지요. 이처럼 일상생활에서 흔히 있는 일인데도, 우리는 이에 대해서 크게 문제를 제기하지 않습니다. '성'을 물었는데 '씨'로 대답한다는 사실은 현재 우리가 성씨를 사용하고 있지만, 예전에는 성과 씨가 분리되어 사용되었다는 사실을 말해주고 있습니다. 언어는 마치 화석과도 같아서 그 언어를 사용하는 사람들과 집단 삶의 기록이 언어에 박제되듯이 박혀서 계속 전해지는 경우가 많습니다. 성과 씨도 마찬가지입니다.

아래에서는 성과 씨가 어떻게 생겨났고, 옛사람들은 성과 씨를 어떻게 사용했는지 알아보고, 중국 주요 왕조를 중심으로 가장 많은 성씨 몇 가지를 간략하게 살펴보겠습니다.

10.1 성(姓)과 씨(氏)

성씨에 대해 『한어대사전(漢語大辭典)』에서는 "성(姓)과 씨(氏)는 본래 구별이 있었는데 성은 여자 쪽에서 기원했고 씨는 남자 쪽에 뿌리를 두고 있다. 진한 이후로 성과 씨는 합쳐져서 '성(姓)'으로 통칭(通稱)하거나 달리 '성씨(姓氏)'로 칭한다."라고 밝히고 있습니다. 이와 관련하여 『통지(通志)·씨족략서(氏族略序)』에는[1]

---

1 『통지(通志)』는 남송 때 정초(鄭樵)가 삼황부터 수나라까지의 역사를 기전체로 엮어서 편찬한 사서입니다.

"삼대 이전에 성씨는 둘로 나누어져 있었다. 남자 쪽은 '氏'로 칭했고 부인 쪽은 '姓'으로 칭했다. 삼대 이후에 성과 씨는 합쳐져 하나가 되었다[三代之前, 姓氏分而爲二, 男子稱氏, 婦人稱姓 (…중략…) 三代之後, 姓氏合而爲一]."라고 설명하고 있으며,[2] 『일지록(日知錄)·씨족(氏族)』에서는 "성씨 칭호는 사마천때부터 한 단어로 만들어 쓰기 시작했다[姓氏之稱, 自太史公[3]始混而爲一]."라고 하였습니다.

즉, 한대 이전까지는 성과 씨가 따로 쓰였는데요, 성은 여자 쪽, 씨는 남자 쪽에서 사용하다가 한대 이후에 성과 씨가 합쳐져서 '성씨'이라고 표현했습니다. '성' 한 글자만 사용하더라도 모계쪽의 혈통을 나타내는 것이 아니라, '씨'의 의미로 사용되었습니다.

성씨는 부족 사회의 혼인 방식과 모계 사회에서 부계 사회로 변화하는 과정과 밀접하게 연관되어 있다. 모계사회에서는 '성'과 '씨'를 구분하여 사용하다가 부계 사회로 변화하면서 더 이상 구분할 필요가 없어지면서 자연스럽게 하나로 합쳐지게 된 것입니

---

2 '삼대'는 하, 상 ,주의 세 왕조를 말하는 것으로, 하·상·주 이전에는 '성'과 '씨'로 나눠져 있었으나, 삼대 이후, 즉 진한대에 들어서 비로소 하나로 합쳐져서 '성씨'로 사용되었음을 설명한 것입니다.
3 '太史公'은 사마천을 가리킵니다.

다. 한 음절씩 독립적으로 사용되던 한자가 후대로 가면서 비슷한 의미의 한자가 합쳐지면서 '국가', '사상', '우주'처럼 두 음절의 단어가 많아지는데, '성씨'도 이러한 경우에 해당됩니다.

'姓(성씨 성)'자의 변화 과정은 다음과 같습니다.

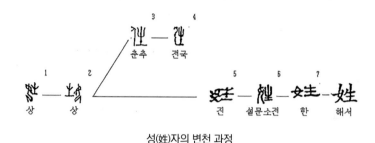

성(姓)자의 변천 과정

갑골문에서 '성'자는 '女(여자 여)'자와 '生(날 생)'자가 합쳐진 모양입니다. 구체적으로 살펴보면 왼쪽은 여성의 형상을 나타냈으며, 오른쪽은 마치 어린 아이의 모습을 나타낸 것 같기도 하고, 땅에서 싹이 올라와 있는 모습 같기도 합니다. 위 자형에서는 제시되어 있지 않으나, 금문에서는 '백성(百姓)'을 '百生', '다성(多姓)'은 '多生'처럼 '女'를 생략한 형태도 간혹 보입니다.

'성'은 집단의 대표인 여성을 상징하는 표식으로서 모계 씨족 사회에서 최초로 사용되었다. 씨족이나 부락, 부족마다 고유한 성을 사용하여 모계가 어느 부락 출신임을 알 수 있었으며, 같은 성을 가지고 있다는 것은 모계가 같음을 의미했습니다. 이처럼 성은 다른 집단과 구별하는 기능을 함과 동시에 모계 혈통을 확실하게 알려주는 표식이었습니다.

다음으로 '씨(氏)'를 살펴보면, '氏'는 갑골문에서 처음 출현합니다. 서주 금문에서는 세로 획에 점을 더하고, 춘추 금문에서는 점의 형태가 짧은 가로획으로 변화합니다. 그 후 점차 형태가 다듬어져서 오늘날의 자체가 되었습니다.

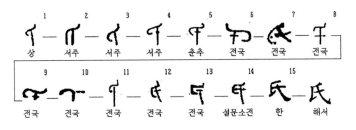

씨(氏)자의 변천 과정

'씨'는 동성 씨족에서 갈라져 나온 여러 줄기를 가리키는 것으로, 자손의 출신지를 구별하는 데에 사용했습니다. 옛날 모계사회에서 다른 부락의 남성과 혼인할 경우, 남성은 여성의 부락으로 이주했습니다. 그리고 남성과 사이에서 난 자손은 엄마 쪽 '성'

을 따르지만, 아버지가 다른 부락 출신이므로 '씨'는 다른 것입니다. 그래서 한 부락 안에 성은 같으나(同姓), 다른 씨를 가진 사람들도 있으므로 자손의 출신지를 구별하기 위해 '씨'를 사용했습니다. 즉, 동성 아래에 여러 다른 씨가 있는 경우도 가능한 것입니다. 예컨대, 신화 전설에 등장하는 황제(黃帝)와 염제(炎帝)는 같은 자손이라고 하는데, 황제는 '헌원씨(軒轅氏)'이고, 염제는 '신농씨(神農氏)'라고 기록되어 있습니다. 물론 신화 전설이기 때문에 사실적 근거는 희박하지만, 서로 다른 씨로 불렸다는 점에서 최초의 '씨'는 부락의 수장인 남성의 호칭임을 알 수 있습니다.

'성'은 변하지 않지만 '씨'는 바꿀 수도 있고, 독립도 가능했습니다. 분봉 받은 성읍, 지명, 관직 또는 조상의 이름 등 다양한 방법을 통해서 '씨'로 삼을 수 있었습니다. 『좌전』은공(隱公) 8년의 기록에서 그 예를 찾을 수 있습니다.

> "무해(無駭)가 죽자 우부(羽父)가 시호와 족(族)을 하사해
> 줄 것을 청했다. 은공(隱公)이 중중(衆仲)에게 '族'(족, 씨족)에
> 대해 물으니, 중중이 대답하기를, "천자는 덕이 있는 자를
> 제후로 세우고, 그가 태어난 곳에 따라 '성'을 하사하고 토지
> 를 분봉한 뒤 또 '씨'를 하사합니다. 제후는 그 字(성인이 되었

을 때의 이름)로 시호(諡號, 죽은 사람에게 내리는 이름)를 삼고, 그 자손은 이 때문에 씨족이 됩니다. 대대로 관직을 맡아 공로가 있으면 그 후손은 그 관명을 씨족으로 삼기도 하며, 봉읍(封邑)을 씨족으로 삼기도 합니다." 은공은 무해(無駭)의 字로 씨족이 되도록 하였으니 곧 '전씨(展氏)'입니다."

無駭卒(무해졸), 羽父請諡與族(우부청시여족). 公問族於衆仲(공문족어중중). 衆仲對曰(중중대왈), "天子建德(천자건덕), 因生以賜姓(인생이사성), 胙之土而命之氏(조지토이명지씨), 諸侯以字爲諡(제후이자위시), 因以爲族(인이위족), 官有世功(관유세공), 則有官族(즉유관족), 邑亦如之(읍역여지)." 公命以字爲展氏(공명이자위전씨).⁴

위 이야기를 간략하게 살펴보면, 노나라 대부 무해가 사망하자, 우부는 은공에게 시호와 씨족을 하사해 줄 것을 청합니다. 그러자 은공이 중중에게 씨족에 대해서 묻고 답하는 내용이 제시되어 있는데요, 은공이 중중의 이야기를 듣고 무해의 자인 '전(展)'을

---

4 - 노나라의 대부 無駭(무해)가 죽은 뒤 '姓'과 '氏', 그리고 '族'에 대하여 설명
   - '族'은 성씨의 '氏'와 같은 뜻, 또는 씨족
   - 天子建德: '덕이 있는 자를 제후로 세운다는 뜻(立有德以爲諸侯)
   - 『좌전』소공(昭公) 29년에는 龍과 范氏(범씨)에 관한 이야기 기재

한자와 중국고대사

'씨'로 하사했다는 이야기를 통해 춘추 시기 당시에 귀족계층에서 어떻게 성과 씨, 그리고 씨족을 만들어냈는지 알 수 있습니다.

문헌에 자주 등장하는 '씨'는 상고 시대의 부족과 부족 연맹을 일컫는 대명사였습니다. 『국어·주어(周語)下』에서는 상고 시대 태자 진이 '성'을 하사했던 사건에 대해 기록하고 있습니다.

> 태자 쯥이 간하여 말하길, "(四岳이) 禹王의 공적을 따라 본받고, 자연의 법도와 규율을 헤아려 행하니, 훌륭한 공적을 거두지 않은 일이 없어 上帝의 마음을 흡족하게 하였습니다. 하늘이 그의 공적을 아름답게 여겨 福으로 천하를 주면서 '姒(사)'姓을 주고, '有夏(유하)'氏를 주었으니, 이는 그가 아름다운 福으로 백성을 부유하게 하고, 萬物을 生育시킨 것을 이르는 것입니다. 四岳에게 福으로 나라를 주어 諸侯의 長인 侯伯으로 임명하면서 '姜(강)'姓을 주고, '有呂(유여)'氏를 주었으니, 이는 그가 禹의 수족과 心腹(심복)이 되어 만물을 잘 자라게 함으로써 백성의 생활을 풍족하게 할 수 있었음을 이르는 것입니다."
>
> 太子晉諫曰(태자진간왈), "帥象禹之功(수상우지공), 度之于軌儀(도지우궤의), 莫非嘉績(막비가적), 克厭帝心(극염제심). 皇天嘉之(황천가지), 祚以天下(조이천하), 賜姓曰'姒'(사성왈'사'), 氏曰

'有夏'(씨왈유하), 謂其能以嘉祉殷富生物也(위기능이가사은부생물야). 祚四岳國(조사악국), 命以侯伯(명이후백), 賜姓曰'姜'(사성왈'강'), 氏曰'有呂'(씨왈'유여'), 謂其能為禹股肱心膂(위기능위우고굉심려), 以養物豐民人也(이양물풍민인야).[5]

위 이야기에서 하나라의 시조 하우에게 '사(姒)'성과 '유하(有夏)'씨를 주었고, 사악(四岳)에게 '강(姜)'성과 '유여(有呂)'씨를 주었다는 기록을 통해 고대에 '성'과 '씨'는 각각 다른 뜻으로 쓰였다는 것을 알 수 있습니다. 상고 시대에 '성'은 대부분 영향력이 크고 오래된 부족을 가리켰습니다. 그래서 성을 가지고 있는 부족은 일반 부족에 비해 규모가 크고, 영향력이 있는 부족이었습니다.

앞서 살펴본 바와 같이, 하나라 순임금 때 희(姬)성을 가진 인물이 등장합니다. 희(姬)성, 강(姜)성 그리고 하우의 사(姒)성이 최초의 성인데, 공통적으로 '女'가 부수로 포함됩니다. 이는 곧 모계 사회에서 '성'은 성족(姓族)을 나타내는 표식이었음을 말하는데요, 일반적으로 아이가 태어나면 설사 아버지는 분명하지 않더라도

---

5   - '氏'는 상고 시대의 부족과 부족연맹을 일컬음
    - '姓'은 대부분 영향력이 크고 오래된 부족을 가리킴.('姬, 姜, 姒'같은 최초의 성들 모두 '女'자를 포함-모계사회 姓族의 표식)

한자와 중국고대사

아이를 낳은 어머니는 확실하게 알 수 있지요. 즉, 모계 사회에서 여성이 힘이 있어 우세를 차지했다기보다는 자손의 출신이 확실하기 때문에 모계의 성을 따라 가족이 이뤄진 것으로 보입니다.

춘추 전국 시대에 이르러서는 점차 부계 사회가 강화되었습니다. 부계 사회가 된 이후에도 여전히 '성'을 사용했으나, 모계 부락을 나타내는 의미가 아니라 현재 우리가 사용하는 성씨라는 의미로 변화됩니다.

『좌전』소공(昭公) 29년에는 춘추 시대 중국인들의 성씨에 대한 생각을 보여주는 기록이 남아있습니다. 전설 같은 이야기이지만 살펴보겠습니다.

가을에 진(晉)의 도읍 강(絳)의 교외에 용이 나타났다. 위헌자(魏獻子)가 채묵에게 묻기를, "내가 듣기에 기어다니는 짐승 중에 용보다 지혜로운 동물이 없다고 하였는데 산 채로 잡지 못하여서 용을 지혜롭다고 한다는데 믿을 수 있는 말인가?" (채묵이) 대답하길, "사람들이 실제로 지혜롭지 못한 것이지, 용이 실제 지혜로운 것이 아닙니다. 옛날에는 (집에서) 용을 길렀는데 그런 까닭에 나라 안에 환룡씨(豢龍氏)가 있고 어룡씨(御龍氏)가 있는 것입니다."

헌자가 말하길, "그 두 씨는 나 역시 들었지만 그 이유를 알지 못했는데 어찌하여 그렇게 말하는 것인가?" (채묵이) 대답하길, "예전에 요(飂)나라의 숙안(叔安)이 있었는데 동부(董父)라는 후손이 있었습니다. (그는) 실로 용을 아주 좋아했기에 용이 무엇을 좋아하는지 알 수 있었고, 용이 좋아하는 것을 먹이니 용들이 그를 많이 따랐습니다. 그래서 용을 길들이고 기르는 일로 순임금을 섬기었습니다. 순임금은 그에게 동(董)씨성과 환룡(豢龍)이라는 씨를 하사하고 그를 종천(鬷川)의 제후에 봉했는데 종이씨(鬷夷氏)가 그의 후손입니다.

그래서 순임금의 세상에는 용을 기르게 되었고 하나라 공갑(孔甲)에 이르러 상제를 잘 따르자 상제가 그에게 용 네 마리를 주었으니 황하와 한수에 각각 두 마리로 암수 하나씩이었습니다. 공갑은 이 용을 잘 기르지 못했는데 환룡씨와 같은 사람을 구하지 못했습니다. 도당씨(陶唐氏, 요임금을 말함)가 쇠락했으나 유루(劉累)라는 후손이 있어 환몽씨에게서 용을 기르는 방법을 배우고 공갑을 섬겨서 그 용들을 먹여 기를 수 있었습니다.

하후(夏后, 공갑을 말함)가 이를 가상히 여겨 '씨'를 하사하여 '어룡씨(御龍氏)'라 하였고 시위(豕韋)의 뒤를 잇게 하였습니다. 용의 암컷 한 마리가 죽자 몰래 육젓(醢, hǎi)을 만들어

한자와 중국고대사

하후에게 먹였습니다. 하후가 이를 맛보고 이윽고 사람을 보내 더 구하니 (유루가) 겁이나서 노현(魯縣)으로 옮겨 살았는데 범씨(范氏)가 그 후손입니다."

秋, 龍見于絳郊(추, 용견우강교), 魏獻子問於蔡墨曰(위헌자문어채묵왈), "吾聞之(오문지), 蟲莫知於龍(충막지어룡), 以其不生得也(이기불생득야), 謂之知(위지지), 信乎(신호)." 對曰(대왈), "人實不知(인실부지), 非龍實知(비룡실지), 古者畜龍(고자축룡), 故國有豢龍氏(고국유환룡씨), 有御龍氏(유어룡씨)."

獻子曰(헌자왈), "是二氏者(시이씨자), 吾亦聞之(오역문지), 而不知其故(이부지기고), 是何謂也(시하위야)." 對曰(대왈), "昔有飂叔安(석유요숙안), 有裔子曰董父(유예자왈동부), 實甚好龍(실심호룡), 能求其耆欲以飲食之(능구기기욕이음식지), 龍多歸之(용다귀지), 乃擾畜龍(내요축룡), 以服事帝舜(이복사제순), 帝賜之姓曰董(제사지성왈동), 氏曰豢龍(씨왈환룡), 封諸鬷川(봉제종천), 鬷夷氏其後也(종이씨기후야).

故帝舜氏世有畜龍(고제순씨세유축룡), 及有夏孔甲(급유하공갑), 擾于有帝(우우유제), 帝賜之乘龍(제사지승룡), 河漢各二(하한각이), 各有雌雄(각유자웅). 孔甲不能食(공갑불능식), 而未獲豢龍氏(이미획환룡씨). 有陶唐氏旣衰(유도당씨기쇠), 其後有劉累(기후유유루), 學擾龍于豢龍氏(학우룡우환룡씨), 以事孔甲(이사공

갑), 能飮食之(능음식지). 夏后嘉之(하후가지), 賜氏曰御龍(사씨왈
어룡), 以更豕韋之後(이갱시위지후). 龍一雌死(용일자사), 潛醢以
食夏后(잠해이식하후). 夏后饗之(하후향지), 既而使求之(기이사구
지), 懼而遷于魯縣(구이천우노현), 范氏其後也(범씨기후야).

위 이야기는 환룡씨(豢龍氏)와 어룡씨(御龍氏)에 대해 언급하
고 있는데, 모두 '용(龍)'자가 포함되었다는 특징이 있습니다. 내용
을 간략하게 살펴보면, 동부(董父)라는 인물은 용을 잘 길러서 순
임금에게 동(董)성과 환룡(豢龍)이라는 '씨'를 하사 받습니다. 이어
하나라 공갑(孔甲)은 하후를 가리키는데, 상제가 하후에게 용 네
마리를 주었으나 용을 잘 기르지 못하고, 용을 잘 기르는 사람 또
한 구하지 못했습니다. 그러다가 유루(劉累)라는 사람이 환룡씨에
게 용을 기르는 방법을 배워 하후를 섬겼으니, 하후가 이를 가상
히 여겨 어룡씨(御龍氏)를 하사했습니다. 그러나 용 한 마리가 죽
자 그는 겁이 나서 노현(魯縣)으로 이주했는데 지금의 범씨(范氏)
가 그 후손이라고 기록하고 있습니다.

이처럼 춘추 시대 진나라 범씨의 유래를 상고 시대까지 거슬러
올라가 상서로운 요인 및 전설 시대 인물까지 결부시켜서 신비스
럽게 포장했는데요, 후대로 가면서 성씨는 종법 제도의 근간이 되

는 뿌리이면서, 백성의 통치를 위해서도 필요하기 때문에 족보 편찬이 발달하게 됩니다. 이와 같이 성씨의 유래를 포장하는 것은 자신들의 조상, 족보 따위가 중요해졌기 때문인데요, 역대 왕조에서도 성씨 제도를 각별히 신경 써서 관리했습니다. 특히 위진남북조 시기에는 귀족사회가 고도로 발달하여 몇몇 명문 귀족 가문들이 권력을 독점했고, 또 그들의 사회적인 명망도 매우 높아졌습니다. 이들 가문을 '문벌귀족(門閥貴族)'이라고 하는데요, 당시 명문 가문들은 황제의 집안이라 할지라도 함부로 대하지 못할 정도였습니다. 생각해보면 위진남북조 시기에는 왕조라고 하더라도 몇십 년밖에 존속하지 못했습니다. 그 왕조 안의 권신, 귀족들이 군사를 일으키면 나라가 '뚝딱' 만들어지는 시대이므로 황제의 위세가 명문 귀족 가문들보다 높다고 할 수 없겠지요. 그래서 황제의 가문이라도 이런 문벌귀족 가문과 혼인을 맺기 위해서는 오히려 막대한 지참금을 지불해야 할 정도였습니다.

당태종은 당 왕조의 이씨 가문을 성씨 계보 가장 꼭대기에 놓기 위하여 632년에 고사렴(高士廉)에게 명하여 천하의 모든 성씨 연원과 종족 계보를 밝히는 책을 편찬하도록 하였습니다. 그것이 바로 『씨족지』(氏族志, 혹은 『정관씨족지(貞觀氏族志)』라고도 함)입니다. 그러나 완성된 책을 보니, 황제의 이씨 가문은 3위에 불과하고 산동의 귀족 가문이 1위에 올라와 있었습니다. 이에 당태종이 불같이 화를 내자, 고사렴은 황제 가문이기 때문에 그나마 3위에라도 올린 것이라고 말합니다. 결국 당태종은 수정하라고 지시하여 이씨 가문을 1위에 올립니다. 이를 통해서 당시 문벌귀족 가문의 권세가 당대까지 대단했음을 추측할 수 있지요. 위진남북조 때부터 번창한 문벌귀족 가문들은 당 말기의 전란을 통해 쇠락하면서 점차 소멸되어 갔습니다.

성씨는 분봉 받은 봉지, 거주하는 곳의 지명, 관직명, 조상의 이름과 시호, 국명(주로 주대의 제후국명), 명산대천(名山大川)의 명칭, 성을 씨로 사용하는 등 다양한 양상을 보입니다. 또한 앞서 살펴본 예와 같이 후대로 가면서 점차 자신 성씨의 기원을 신비스럽게 포장하는 경향도 짙어지는데요, 특히 황제의 성씨는 '국성(國姓)'이라고 하여 황제와 성씨가 같은 경우를 대단히 자랑스럽게 여겼습니다. 이 때문에 천자를 의미하는 '왕'씨나 많은 황제를 배출한 '유', '이'와 같은 성씨는 민간에서 모방하여 많이 사용했으며, 이러한 성씨를 가진 인구도 자연히 많아진 것입니다.

또한 비(非)한족, 특히 북방 지역의 이민족이 중국화되면서 중국식 성씨를 따라 하거나 자신들의 성씨를 한자로 표기했습니다. 이민족 성씨는 원래 발음으로 표기하면 여러 음절인 경우가 많았는데, 한자로 표기하면서 복성(復姓)으로 만들어 중국 성씨에 유입되기도 하였습니다. 예컨대 만주족이었던 청 왕조 성씨는 애신각라(愛新覺羅, Àixīnjuéluó)입니다. 만주족 발음과 똑같지는 않지만 이와 비슷한 발음, 즉, 음차를 통해서 비슷한 발음의 한자로 표기했습니다. 참고로 '애신(愛新)'은 만주어로 '황금'을 뜻하고, '각라(覺羅)'는 먼 곳, 먼 친척의 뜻을 나타냅니다.

우리나라 역사에서도 이와 비슷한 사례가 있는데, 백제의 부흥을 이끌던 '흑치상지(黑齒常之)'가 그러합니다. 흑치상지는 백제의 부흥이 실패로 끝나자, 당 왕조로 건너가 장군으로 복무하면서 토번, 돌궐 등에서 혁혁한 전공을 올려 연국공에 봉해지기도 하였습니다. 여기에서 '흑치(黑齒)'는 '이가 검다'라는 뜻입니다. 동남아시아나 폴리네시아 지역에는 이가 검은 사람이 많은데요, 그 지역에서 주로 생산되는 빈랑(檳榔)이라는 열매를 많이 섭취하기 때문이라고 합니다. 『산해경·대황동경(大荒東經)』에는 "흑치의 나라가 있는데 그곳의 왕 제준(帝俊)이 태어날 때 흑치였고, 강(姜)성이다"라는 기록이 있습니다. 이를 통해 '흑치'라는 성씨는 옛날에 중국 동남부 지역에 있었을 것으로 추정됩니다. 물론 지금은 전해지지는 않습니다.

『중화성씨대사전(中華姓氏大辭典)』에는 현재 중국 성씨가 단성

(單姓) 6,931개, 역대 복성(復姓) 4,329개, 세 글자 1,615개, 네 글자 569개, 다섯 글자 96개, 여섯 글자 22개가 수록되어 있습니다. 가장 긴 성씨는 17자로 '魯納婁于古母遮熟多吐母苦啊德補啊喜'입니다. 이는 중국 운남성 소통시(昭通市)의 소수민족인 이족(彝族)이 사용하는 성씨입니다.

10.2 주요 왕조의 성씨

고대 중국 사회에서 성과 씨는 소수 귀족의 전유물이었습니다. 그 이유는 글자를 아는 사람이 극히 적은 데다가 일반 백성들은 성 없이 이름으로만 부르는 것이 일반적이었기 때문입니다. 비단 중국만 그러한 것이 아니라, 이는 고대 문명의 일반적 특징이었습니다. 심지어 대다수 문명권에서는 근대에 이르러서도 일반 평민들이 성씨를 가진다는 것은 생각조차 못하는 일이었습니다. 그러나 귀족 계층에서 독점하던 교육이 점차 평민 계층으로 확대되면서 귀족 문화를 따라 일반 사람들도 성씨를 갖게 되었습니다. 그중에서 가장 인기 있고, 또 선망의 대상이 되는 성씨는 단연 지위가 가장 높고, 존귀한 존재로 여겨졌던 황제를 배출한 국성입니다. 역대 왕조의 성씨는 다음과 같습니다.

　　하(夏): 姒氏(사씨), 상(商): 子氏(자씨), 주(周): 姬氏(희씨),

　　진(秦): 嬴氏(영씨)

　　서한(西漢)/동한(東漢): 劉氏(유씨), 서진(西晉)/동진(東晉):

　　　　司馬氏(사마씨)

　　수(隋): 楊氏(양씨), 당(唐): 李氏(이씨), 송(宋): 趙氏(조씨)

　　원(元): 孛兒只斤氏(패아지근씨, bèiérzhǐjīnshì) *孛, 살별(혜

　　　　성) 패

　　명(明): 朱氏(주씨), 청(淸): 愛新覺羅氏(애신각라씨, Àixīnjuélu-

　　　　óshì)

　　북위(北魏): 拓跋氏(탁발씨), 요(遼): 耶律氏(야율씨), 금(金):

　　　　完顏氏(완안씨)

　※ 명 건국 이후 주원장은 胡服(호복), 胡姓(호성), 胡語(호어)를 금지하여 많은
　　북방 민족의 성씨가 단성으로 바뀌게 됨

　　각 왕조의 시조 이름을 살펴보면, 하나라 하우는 사씨, 상나라
는 탕왕은 이름이 '자탕'으로 자씨입니다. 주나라 후직은 희씨, 진
나라 진시황의 이름은 '영정'으로 영씨, 서한과 동한을 세운 한고
조 유방은 유씨입니다. 동진은 사마염이 세웠으므로 사마씨, 수문
제 양견은 양씨, 당고조 이연은 이씨, 송태조 조광윤은 조씨, 원나

라는 몽골족의 성씨인 패아지근씨, 명 주원장은 주씨, 그리고 청나라는 애신각라씨입니다. 그리고 북위는 선비족의 탁발씨, 요나라는 거란족의 야율씨, 금나라는 여진족 성씨인 완안씨입니다.

위진남북조 시대에는 북방의 많은 이민족들이 화북 중원 지역으로 들어와 한족과 섞이기 시작합니다. 처음에는 이민족들이 고유 문화 풍습을 간직하고 있었으나, 명대 주원장이 몽골의 잔재를 없애기 위하여 이민족의 의복, 성, 언어 문화, 이른바 호복, 호성, 호어를 금지시켰습니다. 이로 인해 북방 이민족들은 원래 복성이었던 성씨를 단성으로 많이 바꾸게 됩니다. 이러한 과정에서 주로 어떤 성씨를 쓰고자 하였을까요? 역시 황제를 배출했던 유씨 또는 이씨를 많이 사용했습니다. 그래서 오늘날 유씨와 이씨가 가장 많은 인구를 가진 성씨가 된 것입니다.

10.2.1 왕(王)

현재 중국에서 가장 많은 인구를 가진 성씨는 '왕'씨입니다. 가장 많은 성씨로 매년 왕씨와 이씨가 번갈아 1위를 차지하고 있으나, 2019년을 기준으로 왕씨가 가장 많은 것으로 나타났습니다. 상대 갑골문에서 王자를 보면 큰 도끼의 머리 부분을 나타낸 형태입니다.

왕(王)자의 변천 과정

　상대에 주로 의전용으로 사용하던 폭이 넓은 도끼를 '월(鉞)'이라고 합니다. 이는 실제 도구로 사용하는 것이 아니라, 권력의 상징 및 과시용으로 사용했습니다. 즉, 월은 상의 왕을 상징했으며, 바꿔 말하면 월을 사용할 수 있는 존재가 바로 왕입니다. 그래서 '왕(王)'자가 왕을 상징하는 것으로 봅니다.

　또 다른 해석은 춘추 전국 시대에 이르러 형태가 달라진 점에 주목합니다. 가로 획 세 개와 세로 획이 하나가 교차되어 있는데요, 가로획은 天(천), 地(지), 人(인)을 상징하고, 세로 획은 천, 지, 인을 중간에서 관통하는 왕의 상징으로, 王자는 천하를 다스리는 왕이라고 해석하기도 합니다. 이와 관련하여 『자림(字林)』에는 다음과 같은 내용이 등장합니다.

『자림』에서 말하길, "三은 천, 지, 인이며 셋을 하나로 관통한 것이 왕으로 천하가 따르는 법이다. 또한 성씨로 태원(太原), 낭야(琅琊) 출신은 주 령왕(周靈王)의 태자 진(晉)의 후손이다. 북해(北海), 진류(陳留) 출신은 제왕(齊王) 전화(田和)의 후손이다. 동해는 희성으로부터 나왔다. 고평(高平), 경조(京兆)는 위(魏) 신릉군(信陵君)의 후손이다; 천수(天水), 동평(東平), 신채(新蔡), 신야(新野), 산양(山陽), 중산(中山), 장무(章武), 동래(東萊), 하동(河東)은 은(殷)의 왕자 비간(比干)이 주왕에게 살해되자 자손들이 왕의 후손이라고 하여 왕씨라고 하였다. 금성(金城), 광한(廣漢), 장사(長沙), 당읍(堂邑), 하남(河南)의 21개 망(望)이다."

『字林』云(자림운), "三者天地人(삼자천지인), 一貫三爲王(일관삼위왕), 天下所法(천하소법)." 又姓(우성), 出太原, 琅邪(출태원, 낭야), 周靈王太子晋之後(주령왕태자진지후); 北海, 陳留(북해, 진류), 齊王田和之後(제왕전화지후); 東海, 出自姬姓(동해, 출자희성); 髙平, 京兆(고평, 경조), 魏信陵君之後(위신릉군지후); 天水, 東平, 新蔡, 新野, 山陽, 中山, 章武, 東萊, 河東者(천수, 동평, 신채, 신야, 산양, 중산, 장무, 동래, 하동자), 殷王子比干为纣所害(은왕자비간위주소해), 子孙以王者之後号曰王氏(자손이왕자지후호왈왕씨); 金城, 廣漢, 長沙, 堂邑, 河南(금성, 광한, 장사, 당읍, 하남), 共

二十一望(공이십일망).[6]

『자림』에서는 '三'이 천지인이며, 셋을 하나로 관통한 것은 왕으로, 천하가 따르는 법이라고 해석했습니다. 그러면서 왕씨 성을 가진 계보가 제시되어 있는데, 모두 왕족 출신이라는 공통점이 있습니다. 마지막 부분에는 은의 왕자 비간(比干)이 주왕(紂王)에게 살해되자, 자손들이 스스로를 왕의 후손이라고 하여 왕씨라고 하였다는 것입니다. 즉, 우리 식으로 말하면, 왕씨의 본관이 21개이고, 모두 왕족 출신이어서 왕씨 성을 사용했다는 것입니다.

10.2.2 유(劉)

『설문』에서 '劉'자의 이체자인 '鎦'자(B)는 갑골문과 금문에서는 발견되지 않습니다. 그러나 소전의 '유'자(A)는 글자 형태를 보면, 왼쪽에 '金(쇠 금)'자가 있고 오른쪽 부분은 위쪽에 '卯(卯 토끼 묘)'와 아래쪽의 '刀(칼 도)'자, 세 가지로 구성되어 있습니다.

---

6   望(망): 당송시기 3천 戶(호) 이상의 縣(현)

鏒 鏒
A B

劉 — 劉 — 劉 — 劉 — 刘
1   2   3
한   한   한   해서   해서

유(劉)자의 변천 과정

'卯(卯, 토끼 묘)'자는 갑골문에서 제사에 쓰는 짐승을 죽이는 방법을 의미합니다. 그래서 '유(劉)'자의 본뜻은 '殺(죽일 살)', 즉 '죽이다'라는 뜻으로 봅니다. 또 다른 해석은 '劉'자가 원래 상형자였다가 나중에 점차 회의, 형성자로 발전한 것이라고 주장하면서, 갑골문에서 '劉'자 왼쪽은 큰 새의 형상이고, 오른쪽은 刀(칼 도)의 형태인 점에서 미루어 칼을 가지고 동물이나 사람을 죽이는 모습을 본뜬 모양으로, 역시 劉자의 본뜻은 살육, 즉 죽이다는 뜻으로, 이를 직관적으로 표현했다고 해석합니다. 이를 바탕으로 후에 '정복하다' 또는 '극복하다' 뜻으로 발전됩니다.

성씨로서의 유씨는 대략 세 가지 기원설이 있습니다. 요 임금의 후예였던 기(祁)성에서 기원한 것이라 하기도 하고, 또 성과 씨가 나눠졌던 당시에 희(姬)성에서 기원한 유씨가 있다고 합니다. 그리고 또 하나는 비한족 집단들이 유씨로 바꾼 경우인데요, 예를 들면 한나라 위진남북조 시기의 흉노족, 북위 선비족 귀족 출신인

독고씨(獨孤氏), 당대 돌궐의 사타(沙陀) 부족 등 많은 북방 민족이 한 왕조의 성씨를 모방하여 '유'를 성으로 삼았다는 것입니다.

10.2.3 이(李)

이씨는 당 왕조의 성씨입니다. '李(오얏 이)'자는 갑골문에서 위에는 나무, 아랫부분은 사람, 즉 '子(아들 자)'자의 원형입니다.

이(李)자의 변천 과정

그러나 전국 시대 금문을 보면, 특이하게 아래 위로 있는 것이 아니라 子가 왼쪽에 있고, 木(나무 목)자가 오른쪽에 있는 형태도 나타납니다. 李자의 본뜻은 자두나무(李樹), 또는 이수의 과실인 자두를 나타냈습니다. 나중에는 감옥을 관장하는 관직이나 별의 이름으로도 사용되었습니다.

성씨로서의 이씨는 영(嬴)성으로부터 기원했는데, 그 선조가 순임금 때 형벌을 관장하는 관직인 대리(大理)를 맡은 고도(皋陶)라는 인물입니다. 즉, 자신의 선조가 형벌을 관장하는 관리였기 때문에 李가 관직명에서 기원했다는 것입니다. 또한 '木'자를 통해, 나무를 숭배하는 토템에서 출발했다고 보기도 합니다. 그리고 주 왕실과 동성인 희성의 파인(巴人)에서 기원했다고 보기도 합니다. 주 무왕이 파인을 파촉에 봉했다고 하는데, 그 후에 파인의 후예들이 5호 16국 시대에 사천에 성한(成漢)을 건국합니다. 그러나 앞서 살펴본 바와 같이, 성한국은 북방 이민족인 '저'족이 세운 국가입니다. 그러므로 여기서 말하는 파인은 저족의 한 분파라고 볼 수도 있고, 그 당시에 저족을 파인이라고 불렀다고 볼 수도 있습니다. 즉, 성안국이 최초의 이씨 왕조인 셈입니다. 이후 북위 시대 때 선비족 귀족 중 하나인 질리(叱李)씨가 이씨를 사용했습니다. 또한 당 왕조 때는 귀순하는 소수민족에게 국성인 이씨를 많이 하사했습니다. 그래서 그 이후로 이씨성을 가진 인구가 폭발적으로 늘었습니다.

이렇게 성씨의 유래와 각 왕조의 성씨 유래, 그리고 중국에서 많은 인구를 가진 몇몇 성씨들의 유래에 대하여 간략하게 살펴보았습니다. 그중에는 오늘날의 관점에서 본다면 믿기 힘든 이야기들도 많지만 성씨의 발전 과정은 중국 문명의 발전 과정을 반영한

결과이며 소수민족이 중국화되는 과정도 함께 반영하고 있음을
알 수 있었습니다.

참고문헌

『괄지지(括地志)』

『광운(廣韻)』

『국어(國語)』

『금사(金史)』

『논어(論語)』

『대대례기(大戴禮記)』

『명사(明史)』

『맹자』

『백호통(白虎通)』

『사기(史記)』

『사기색은(史記索隱)』

『사기정의(史記正義)』

『사기집해(史記集解)』

『사서(四書)』

『산해경(山海經)』

『삼오력기(三五歷紀)』

『상서』

『서경(書經)』

한자와 중국고대사

『설문해자(說文解字)』

『설문통훈정성(說文通訓定聲)』

『세본(世本)』

『소신택궤(小臣宅簋)』

『순자(荀子)』

『시경(詩經)』

『여씨춘추(呂氏春秋)』

『역경(易經)』

『예기(禮記)』

『예문유취(藝文類聚)』

『일지록(日知錄)』

『자림(字林)』

『좌전(左傳)』

『주례(周禮)』

『죽서기년(竹書紀年)』

『중용(中庸)』

『중화성씨대사전(中華姓氏大辭典)』

『진서(晉書)』

『진왕종(秦王鍾)』

『초사(楚辭)』

『춘추(春秋)』

『통지(通志)』

『한서(漢書)』

『한어대자전(漢語大字典)』

『후한서(後漢書)』

吳鎭烽, 『金文人名匯編』, 中華書局, 1987.

傅斯年, 『東北史綱』, 上海三联书店, 1931.

王国维, 「殷周制度論」, 『관당집림(觀堂集林)』권10, 『王國維遺書』권1, 상해서점, 1983.

晏琬, 「北京, 遼寧出土銅器與周初的燕」, 『考古』5期, 中國社會科學院考古研究所, 1975.

장일청, 이인호 역, 『12개 한자로 읽는 중국』, 뿌리와 이파리, 2016.

이성란 李成蘭

동서대학교 중국어학과 초빙교원
중국 베이징대학에서 「宋元明淸時期'把/將'字句硏究」로 박사 학위를 받았다.
전공은 한어사 연구이며, 최근에는 고대중국어의 어원 연구와 북방계 언어와의
관계에 대해 연구하고 있다.

이선희 李善熙

경성대학교 한국한자연구소, HK연구교수
중국 헤이룽장대학에서 「한중 어휘의 인지의미 대조 연구」로 박사 학위를 받았
다. 언어, 문화, 인지의 상관성에 관심을 갖고 인지언어학적 관점에서 한중 언어
의 보편적 특성 및 개별적 차이를 탐구하고 있다. 주요 연구 성과로는 『바다동
물, 어휘 속에 담긴 역사와 문화』(공저, 따비, 2023), 「중국 청동기 한자 의미 분석」
(공저, 『중국어문논총』116, 2024), 「현대 중국어 신체동사 '走', '跑', '跳'의 개념화 양
상 연구」(『중국어문논총』112, 2023) 등이 있다.

경성대학교 한국한자연구소 한자학 교양총서 05

한자와 중국고대사

초판1쇄 인쇄 2024년 2월 16일
초판1쇄 발행 2024년 2월 28일

지은이   이성란 이선희
펴낸이   이대현
편집   이태곤 권분옥 임애정 강윤경
디자인   안혜진 최선주 이경진
마케팅   박태훈 한주영

펴낸곳   도서출판 역락
출판등록   1999년 4월 19일 제303-2002-000014호
주소   서울시 서초구 동광로 46길 6-6 문창빌딩 2층 (우06589)
전화   02-3409-2060
팩스   02-3409-2059
홈페이지   www.youkrackbooks.com
이메일   youkrack@hanmail.net

ISBN   979-11-6742-718-2 04700
            979-11-6742-569-0 04080(세트)